Dimiter Inkiow
Orpheus, Sisyphos & Co.

Griechische Sagen

Die Zeit der Urgötter

Am Anfang war nur Nebel.

Am Anfang gab es keine Erde, keinen Himmel, kein Wasser und kein Feuer.

Nebel war überall. Nebel ohne Anfang und ohne Ende. Nebel, der sich in der Dunkelheit bewegte. Und das Millionen Jahre lang. Und irgendwann in diesem Nebel entstanden die ersten Götter: Gaia, die Erde, Tartaros, die Finsternis, und noch ein Gott, der überall seine Hand im Spiel hatte: Eros, die ewige Liebe.

Dann bildete sich noch ein Gott: Uranus, der Himmel.

Uranus heiratete Gaia, die Erde. Bald kamen die ersten göttlichen Kinder, weil die Ehe sehr glücklich war.

Gaia, die Erde, war gewaltig groß.

Und genauso gewaltig groß war Uranus, der Himmel.

Es war kein Wunder, dass die Kinder auch gewaltig groß waren.

Die ersten drei waren hundertarmige Riesen.

Dann kamen noch drei. Die waren noch größer als die hundertarmigen Riesen. Es waren die drei Kyklopen, drei einäugige Riesen.

Dann kamen, eines nach dem anderen, weitere zwölf Kinder. Es waren sechs Söhne und sechs Töchter. Man nannte sie Titanen. Sie waren noch größer als die Kyklopen und noch gewaltiger. Sie waren wild und manchmal böse. Sie erschufen die Sonne, den Mond. Einer der Titanen, Okeanos, bewegte das Wasser der Meere und verursachte so Ebbe und Flut.

Die Titanen hatten gewaltige Kräfte. Und das machte ihrem Vater Uranus, dem Himmel, manchmal Angst. Als die drei einäugigen Riesen, die Kyklopen, die Blitze erfunden hatten und aus lauter Spaß im Himmel zu donnern begannen, wurde Uranus wütend.

Die Blitze und der Donner bereiteten ihm solche Angst, dass er alle seine Kräfte sammelte. Dann packte er die drei Kyklopen und schleuderte sie in die Tiefe des dunklen Tartaros. Genauso machte er es mit den drei hundertarmigen Riesen.

„Ihr werdet ewig in der Dunkelheit bleiben", rief er, „weil ihr mich stürzen wolltet!"

Seine Frau Gaia war empört. „Das bildest du dir nur ein!", schrie sie ihn an. „Hol sofort meine Kinder zurück!"

„Niemals!", entgegnete Uranus.

Jetzt wurde Gaia wütend und rief die Titanen zu Hilfe.

„Euer Vater ist verrückt geworden. Helft euren Brüdern. Lasst sie nicht ewig in der Dunkelheit des Tartaros."

Aber keiner der Titanen traute sich mit seinem Vater zu kämpfen. Nur der Jüngste, Kronos, sagte: „Mutter, ich bin bereit zu kämpfen. Aber ich habe keine Waffe. Mein Vater ist viel stärker als ich."

„Ich werde dir eine Waffe geben", antwortete die Erde. „In meinem Inneren gibt es etwas, was stärker ist als Uranus: Eisen. Ich werde Eisen ausspucken. Aus dem Eisen sollst du eine Sense schmieden. Eine Sense, so groß, dass sie den Himmel zerstückeln kann. Schmiede die Sense und kämpfe mit deinem bösen Vater. Rette deine sechs armen Brüder."

In ihrer Wut spuckte die Erde so viel Eisen heraus, dass Kronos eine riesige Sense schmieden konnte. Die Sense in seinen Händen schwingend stürzte er sich auf Uranus, den Himmel.

Der Kampf war furchtbar.

Das ganze Weltall erzitterte.

Am Ende fiel der Himmel zerstückelt auf die Erde.

Kronos war der Sieger.

„Du hast mich von meinem Thron gestoßen. Du hast mir mein Reich genommen. Aber eines Tages – ich prophezeie es dir – wirst auch du durch einen deiner Söhne vom Thron verbannt. Genauso, wie du deinen Vater vom Thron gestoßen hast, wirst du von deinem eigenen Sohn eines Tages vom Thron gestoßen. Und die Kyklopen und hundertarmigen Riesen, die du jetzt retten möchtest, werden deinem Sohn helfen."

„Wenn das so ist, werde ich sie nicht befreien. Ich werde auch keine Kinder haben. Dann wird sich eure Prophezeiung nicht erfüllen", antwortete Kronos und setzte sich auf den Thron.

Zusammen mit seiner Frau Rhea begann Kronos, mit der furchtbaren Sense in der Hand, über die anderen Götter zu herrschen. In seinen Ohren aber klang manchmal die schreckliche Prophezeiung.

„Werden wir niemals Kinder haben?", fragte ihn seine Frau Rhea nach einigen Jahrhunderten.

Kronos antwortete: „Ich will keine Kinder. Ich habe meinen Thron. Hast du die Prophezeiung vergessen?"

Als seine Frau Rhea eines Tages aber doch ein Kind gebar, tat er etwas Schreckliches. Er verschlang es gleich nach der Geburt.

So verschlang er mit der Zeit noch fünf weitere Kinder: drei Töchter, Hera, Hestia und Demeter, und zwei Söhne, Poseidon und Hades.

Das machte Rhea sehr traurig. Einmal, als Kronos schlief, ging sie zu ihren Eltern, um sich Rat zu holen.

Sie sagten zu ihr: „Es ist Zeit, dass sich die Prophezeiung erfüllt. Wenn du wieder schwanger wirst, bleibe nicht bei deinem Mann, sondern gehe auf die Insel Kreta. Wir werden dafür sorgen, dass er dich dort nicht findet."

Das tat Rhea.

Auf Kreta gebar sie einen Sohn: Zeus.

Sie versteckte ihn in einer Höhle.

Kaum hatte sie das getan, stand schon Kronos vor ihr.

„Du hast wieder ein Kind geboren, du Unglückliche", donnerte er. Er streckte seine Hände aus und riss seinen Mund auf. „Gib es sofort her!"

Zitternd vor Angst steckte Rhea einen Stein in eine Windel. Der grausame Kronos verschlang ihn gierig.

So wurde Zeus gerettet.

Bergnymphen kümmerten sich um ihn. Eine göttliche Ziege gab ihm Milch zu trinken. Bienen brachten ihm Honig.

Zeus wuchs schnell. Er wurde größer und mächtiger als sein

8

Vater. Seine Mutter Rhea besuchte ihn heimlich und erzählte ihm von seinen Brüdern und Schwestern, die von Kronos verschlungen worden waren, aber in seinem Bauch weiterlebten. Als Götterkinder waren sie ja unsterblich.

„Ich werde sie befreien", versprach Zeus „Ich muss Kronos im Schlaf überraschen. Dann wird er meine Brüder und Schwestern ausspucken."

Als Kronos einmal an einen Berg gelehnt schlief, packte der groß gewachsene Zeus seinen Vater bei den Fersen und hob ihn hoch. Er schüttelte ihn so lange, bis Kronos kopfüber alle seine Kinder ausspuckte, die er verschlungen hatte.

Die Kyklopen und die hundertarmigen Riesen krochen vom Tartaros auf die Erde zurück. Die Kyklopen schmiedeten für Zeus einen Donnerkeil. Damit konnte er Blitze erzeugen. Die Blitze wurden seine schrecklichste Waffe.

Kronos wurde von der Erde verjagt und in die ewige Dunkelheit des Tartaros verbannt.

Zeus wurde der Mächtigste aller Götter. Er wählte den Berg Olymp zu seinem Sitz.

Prometheus

Am Anfang lebten die griechischen Götter allein auf der Erde.
Da hatten sie ihre Ruhe. Keiner störte sie.

Das Leben auf der Welt wäre so weitergegangen, wenn nicht
der schlaue Titan Prometheus gewesen wäre.

Sein Name bedeutet *Der Vorausdenkende* und er beschreibt
schon seinen Charakter.

Eines Tages, als er am Meeresufer spazieren ging, schoss ihm
plötzlich ein Gedanke durch den Kopf:

„Die Erde ist so groß. Die Götter haben die Tiere des Landes
und die Fische im Wasser geschaffen, auch die Vögel, die sich
in die Lüfte erheben und manchmal bis zum Olymp hinauf-
fliegen. Aber keines dieser Wesen hat Verstand. Sie leben und
sterben ohne zu begreifen, wie schön die Welt ist. Zeus hat vergessen, ein Wesen nach seinem Vorbild zu erschaffen.“

Prometheus überlegte weiter und kam zu dem Entschluss:
Was Zeus versäumt hat, das kann ich ja selber nachholen.

Wie jeder Gott, so konnte auch Prometheus mit den Tieren
reden. Als er einen Adler vorbeifliegen sah, fragte er ihn: „He
du, Adler, was meinst du, soll ich nicht noch ein Lebewesen erschaffen, eines nach dem Vorbild der Götter?“

„Das ist deine Sache, Prometheus“, antwortete der Adler.
„Ich wage nicht, einem Gott Ratschläge zu erteilen. Aber du
weißt, wie zornig Zeus manchmal sein kann. Wenn ich du
wäre, würde ich ihn um Erlaubnis fragen, bevor ich irgendetwas
unternehme.“

Jetzt wandte sich Prometheus dem Meer zu. Dort hatte er einen Fisch heranschwimmen sehen.

„Fisch, was meinst du? Soll ich nicht ein neues Lebewesen erschaffen?"

„Ein neues Lebewesen? Ohne Zeus zu fragen?", fragte der Fisch erschrocken, blinzelte zweimal mit den Augen und seufzte tief. „Gott Prometheus, meine größte Tugend war immer das Schweigen." Sprach's und schwamm davon.

Prometheus gab noch nicht auf.

Er spazierte weiter, bis er am Wegrand einen Esel grasen sah.

„Gut, dass ich dich treffe, Esel. Ich brauche deinen Rat."

„Iaaaah, gern", wieherte der Esel. „Ich bin sogar bereit, dir zwei Ratschläge zu geben, wenn du willst. Auch drei oder vier oder noch mehr. Du bist nämlich der erste Gott, der mich um einen Rat fragt. Schieß los."

„Ich überlege gerade, ob ich ein neues Wesen erschaffen soll."

„Ein eselähnliches?"

„Nein, ein gottähnliches. Es soll aussehen wie ich. – Ich überlege nur, ob Zeus nicht zornig wird, wenn ich alles ganz allein mache. Ich denke, ich sollte ihn vorher um Erlaubnis fragen."

„Dann kannst du die Sache gleich vergessen", sagte der Esel. „Du kennst ihn doch. Zeus will alles selber machen. Ich an deiner Stelle würde an die Arbeit gehen, ohne lange nachzufragen. Was brauchst du denn alles, um dieses neue Wesen zu erschaffen?"

„Erde. Geschmeidige Erde", sagte Prometheus.

„Die gibt es hier überall. Komm, ich zeige dir, wo."

Der Esel ging voran und Prometheus folgte ihm.

Bald kamen sie an einen Fluss.

Prometheus sah sofort, dass der Fluss dort durch drei verschiedene Erdschichten floss. Weiß, gelb und schwarz sah die Erde aus. Sie war weich und gut formbar.

Prometheus nahm einen Klumpen Erde in die Hand und begann zu arbeiten.

Bald hatte er eine ganze Reihe von Figuren modelliert. Einige hatte er aus weißer, andere aus gelber, wieder andere aus schwarzer Erde geformt.

Um sie zum Leben zu erwecken, hauchte er ihnen seinen Atem ein.

So wurde die Erde zu Fleisch und das Fleisch lebte.

Die Menschen waren erschaffen.

Sie waren aber noch nackt und froren. Deshalb versteckten sie sich sofort in den Höhlen, die es in den Felsen am Meer gab.

Prometheus besah sich sein Werk: Die Menschen waren lebendig und sahen auch aus wie die Götter, aber sie hatten keinen Verstand. Wie konnte er dieses Problem lösen?

Er überlegte kurz. Dann fiel es ihm ein: Pallas Athene, die Lieblingstochter des Zeus, würde ihm helfen können. Sie war ja die Göttin der Künste und der Klugheit. Nur sie konnte den Menschen den Verstand geben.

Er ging zu ihr und sagte: „Athene, große Göttin, ich habe heimlich ein Werk vollbracht, aber dieses Werk ist noch nicht vollendet. Komm bitte mit."

Pallas Athene folgte Prometheus zu den Höhlen, in denen sich die Menschen versteckt hielten.

Als sie die neuen Lebewesen sah, war sie begeistert: „Sie sehen uns so ähnlich! Wie hast du das bloß gemacht?"

„Ach, die Gestalt zu formen war gar nicht so schwierig. Aber sie brauchen auch Verstand, Athene. Ohne Verstand und ohne einen Sinn für die Kunst und die Schönheit sind sie uns Göttern nicht ähnlich. Du sollst ihnen den Verstand geben. Von dir sollen sie den Sinn für das Schöne erhalten. Dafür werden sie dich dann auch ewig verehren."

„Wenn das so ist, dann helfe ich dir gerne", sagte Athene und hauchte jeder der Figuren ihren Atem ein.

Die Menschen vermehrten sich schnell und bald wurde der Platz knapp. Die schwarzen Menschen gingen nach Afrika, die gelben nach Asien. Nur die weißen blieben dort, wo sie geschaffen worden waren: in Europa. Prometheus blieb ihr Freund und lehrte sie alles, was sie zum Leben brauchten.

Eine Kunst blieb ihnen jedoch verborgen: die Kunst, Feuer zu machen.

14

„Wir frieren, Prometheus", beklagten sich die Menschen oft bei ihrem Freund und Helfer. „Kannst du uns nicht das Feuer vom Himmel holen?"

So ging Prometheus zu Zeus und trug ihm die Bitte der Menschen vor.

„Niemals!", donnerte Zeus. „Die Menschen dürfen das Feuer nie bekommen. Das Feuer gehört nur uns Göttern. Das Feuer bleibt im Himmel!"

Über diese Antwort ärgerte sich Prometheus sehr.

Und weil er die Menschen so innig liebte, beschloss er, das Feuer vom Himmel für sie zu stehlen.

Er bereitete eine Fackel vor und wartete auf Helios, den Sonnengott.

Als Helios in seinem Sonnenwagen mit seinen feurigen Pferden vorbeifuhr, zündete Prometheus die Fackel an dem Funken sprühenden Wagen an.

Mit der lodernden Fackel in der Hand machte sich Prometheus auf den Weg zur Erde.

Am Abend desselben Tages blickte Zeus vom Olymp zur Erde. Er traute seinen Augen kaum: Hunderte von Feuern loderten dort.

„Bringt mir den Dieb!", donnerte Zeus.

Mehrere Götter, Titanen und hundertarmige Riesen stürzten sich auf Prometheus.

Der Titan kämpfte verzweifelt, aber Zeus war mächtiger und stärker. Er ließ Prometheus, den Dieb des göttlichen Feuers, an einen Felsen im Kaukasus anketten.

Doch damit nicht genug.

Zeus befahl einem Adler, am Tage die Leber des Prometheus aufzufressen, bei lebendigem Leibe!

Nachts wuchs die Leber wieder nach, und die Qualen begannen am nächsten Morgen von neuem.

Prometheus konnte ja nicht sterben, da er ein Gott war.

Er musste tagein, tagaus leiden.

So vergingen Jahrhunderte.

Eines Tages endlich erbarmte sich Zeus des Prometheus und er ließ ihn wieder frei.

Warum der Göttervater plötzlich Gnade vor Recht ergehen ließ, weiß niemand so genau. Vielleicht hat Zeus irgendwann eingesehen, dass sich die Menschen das Feuer auch ohne die Hilfe des Prometheus vom Himmel geholt hätten.

Die Büchse der Pandora

Zeus, der Mächtigste aller Götter, wollte auch die Menschen bestrafen. „Die Menschen werden das Feuer teuer bezahlen!", drohte er.

Als Zeichen seines Zorns hatte Zeus den Olymp mit dunklen Wolken umhüllt.

Hinter den Wolken donnerte und blitzte er und die Menschen auf der Erde erzitterten.

Er rief Hephaistos zu sich, den Gott des Feuers und der Schmiedekunst.

Hephaistos wohnte im Erdinneren, dort wo das Gestein noch heiß und flüssig ist.

„Geh und schmiede eine Jungfrau. Sie soll genauso schön sein wie deine Frau Aphrodite, die Göttin der Liebe. Schmiede auch eine eiserne Büchse und bring beide zu mir."

Hephaistos eilte sofort in seine unterirdische Schmiede.

Bald waren die Büchse und die Statue fertig: Es war eine wunderschöne Frau aus Silber, mit goldenen Haaren.

Hephaistos nahm beide in seine Arme und stieg zum Olymp hinauf.

„Hier sind die Büchse und die Statue, die du bei mir bestellt hast, Zeus!"

Zeus machte die Statue lebendig.

„Ich werde dich Pandora nennen", sagte er. „Das heißt *Die Alles Gebende*. Hier ist deine Büchse. Jeder Gott und jede Göttin soll eine Unheil bringende Gabe in diese Büchse stecken. Dann werden wir sie verschließen und du wirst die Büchse den Menschen als Geschenk der Götter bringen."

Jeder Gott und jede Göttin musste sich nun etwas Schreckliches einfallen lassen.

Als die Büchse schließlich gefüllt wurde, wanderten Krankheiten, giftige Bakterien und Mikroben und viele andere fürchterliche Dinge hinein.

Lächelnd stieg Pandora vom Olymp hinab zu den Menschen.

„Ich bringe euch ein Geschenk der Götter", rief sie. „Hier in dieser Büchse sind viele Gaben. Nehmt sie, sie gehört euch."

Begierig nahmen die Menschen die Büchse der Pandora. Sie freuten sich sehr, denn sie erwarteten nichts Böses.

Aber der Deckel war von Hephaistos so fest verschlossen worden, dass niemand die Büchse öffnen konnte.

Die Menschen gingen zu Prometheus, ihrem Freund.

Prometheus aber warnte sie in weiser Voraussicht: „Öffnet die Büchse der Pandora nicht. In dieser Büchse steckt die Rache des Zeus."

Keiner glaubte Prometheus. Niemand wollte wahrhaben, dass eine so schöne Frau wie Pandora, die alle so freundlich anlächelte, etwas Böses bringen könnte.

So gingen sie zu Epimetheus, dem jüngeren und noch etwas unerfahrenen Bruder des Prometheus.

Sie baten ihn: „Kannst du nicht diese Büchse für uns öffnen? In der Büchse sind Gaben, die die Götter uns Menschen schenken wollen."

„Stimmt das?", fragte Epimetheus Pandora.

„Ja", nickte Pandora lächelnd. „Ich bin eine Botin der Götter. In dieser Büchse bringe ich Gaben, die die Götter des Olymp für die Menschen bestimmt haben. Leider hat Hephaistos die Büchse so gut verschlossen, dass keine Menschenhand sie öffnen kann."

„Wenn das so ist …" Epimetheus öffnete schwungvoll den Deckel der Büchse.

Sofort entflogen die Krankheitserreger und Unheilbringer und sie verbreiteten sich in Windeseile auf der Welt.

Nur eine einzige gute Gabe hatten die Götter in die Büchse der Pandora gesteckt: Das war die Hoffnung.

Aber leider war die Hoffnung nicht so schnell wie die Krankheiten und die anderen Unheil bringenden Geschenke.

Pandora schloss den Deckel der Büchse wieder, bevor die Hoffnung daraus entfliehen konnte.

„Ich habe meine Arbeit getan", rief Pandora den Menschen zu. „Ihr werdet von nun an ewig an die Büchse der Pandora denken."

Mit diesen Worten machte sie sich wieder auf den Weg zum Olymp.

Zurück blieben die unglücklichen Menschen, denen nicht einmal ein Funken Hoffnung geblieben war.

Europa

Eros, der Gott der Liebe, war ein vergnügter Gott und immer zu einem Späßchen aufgelegt. Er schleuderte seine Liebespfeile einfach kreuz und quer durch die Welt, so wie es ihm gerade einfiel.

Diese Liebespfeile wirkten Wunder. Jeder, der von ihnen getroffen wurde, musste sich sofort verlieben.

Wie es der Zufall wollte, trafen die Liebespfeile des Eros immer wieder auch Zeus. Sehr zum Ärger seiner Gemahlin Hera, die wie ein Luchs auf ihn aufpasste.

Einmal schoss Eros einen Pfeil auf Zeus ab, als dieser gerade zur Erde hinunterblickte und die Menschen beobachtete.

In dem Moment, in dem ihn der Pfeil traf, hatte er ein Auge auf Europa, die Tochter des Königs Agenor, geworfen.

Europa war eine schöne junge Frau, und Zeus entflammte sofort in unsterblicher Liebe zu ihr.

Zeus war jedoch um seinen Ruf als Hauptgott besorgt und er wusste natürlich, wie eifersüchtig seine Frau war.

Er überlegte.

Als er bemerkte, dass Hera schlief, rief er schnell die anderen Götter zu sich.

„Hiermit gebe ich bekannt", verkündete er, „dass jeder Gott neben seiner himmlischen Gemahlin auch eine irdische Frau heiraten kann. Auf diese Weise kann jeder von uns auch irdische Kinder bekommen. Das wird den Menschen gut tun, denn dann können sie uns etwas ähnlicher werden."

Eros lachte vergnügt, als er diese Anordnung hörte.

„Und wehe, wenn einer von euch meine Gemahlin Hera auf-

weckt!" Mit diesen Worten nahm Zeus die Gestalt einer Wolke an und schwebte zur Erde.

Europa spielte gerade mit ihren Freundinnen auf einer Wiese in der Nähe des Königspalastes Ball.

Nebenan weidete friedlich eine Herde Rinder.

Zeus schlüpfte aus seiner Wolke und verwandelte sich in einen bildschönen Stier.

Sein Fell schimmerte wie Gold, darunter zeichneten sich prächtige Muskeln ab. Die Hörner blitzten wie pures Silber.

„Schaut mal, was für ein herrlicher Stier!", riefen die Ball spielenden Mädchen. „Europa, schau, so etwas Schönes hast du bestimmt noch nicht gesehen!"

Der Stier kam noch näher.

Er ließ sich von den Mädchen streicheln und legte sich zu ihren Füßen nieder.

Er machte „Muh", und es klang wie Musik.

Die Mädchen errieten, was der Stier wollte: „Er will, dass du auf ihm reitest, Europa."

Ohne zu zögern kletterte die Königstochter auf den Rücken des Stiers.

Jetzt erhob sich das stattliche Tier und machte behutsam einige Schritte.

Doch mit einem Mal lief er immer schneller und schneller. Europa musste sich an den Hörnern festhalten, um nicht zu Boden zu fallen.

„Europa, warte! Wohin reitest du denn?", riefen die Mädchen besorgt.

Sie liefen hinter dem Stier her, aber sie konnten ihn nicht einholen.

Europa fühlte sich wunderbar.

„Lauf weiter, mein Stier", rief sie. „Bring mich, wohin du willst."

Der Stier galoppierte zum Meeresstrand.

Dort machte er aber nicht Halt, sondern er stürzte sich in die Fluten. Doch seltsam, kein Wassertropfen bespritzte Europa.

Stundenlang schwamm der Stier, bis sie endlich eine Insel erreichten.

Der Stier ging an Land und ließ Europa absteigen.

Nun verwandelte sich Zeus wieder.

Aus dem herrlichen Stier wurde ein herrlicher junger Mann, der sagte zu Europa: „Wir sind auf der Insel Kreta. Hier bin ich der König. Willkommen in meinem Reich. Wenn du willst, kannst du meine Königin werden. Wenn nicht, bringe ich dich zu deinem Vater zurück."

„Ich will hier bleiben und so oft wie möglich mit dir zusammen sein", sagte Europa.

„Gut, dann werde meine Königin."

So wurde Europa die Königin von Kreta.

Immer, wenn Zeus nichts auf dem Olymp zu tun hatte, besuchte er sie.

Europa wurde sehr, sehr alt.

Sie gebar Zeus drei Söhne.

Aber irgendwann musste auch sie sterben, denn sie war ein Mensch.

Ihren Tod konnte selbst Zeus nicht verhindern.

Lange überlegte er, wie er Europa unsterblich machen könnte.

Schließlich beschloss er, einen Erdteil nach seiner geliebten irdischen Gattin zu benennen.

Seither heißt der Erdteil, in dem Griechenland liegt, Europa.

Orpheus in der Unterwelt

Grün waren die Täler in Griechenland, mit saftigem Gras waren ihre Wiesen bedeckt.

Unzählige Schafherden grasten dort.

Die jungen Schäfer saßen unter Olivenbäumen und vertrieben sich die Zeit mit Flötenspiel.

Jedes Jahr gab es an den Feiertagen Wettbewerbe zwischen den Flötenspielern. Und jedes Mal gewann ein anderer den ersten Preis.

Bis eines Tages ein junger Sänger vor den Preisrichtern erschien. Es war Orpheus, Sohn des Königs von Thrakien.

Seine Mutter war eine Muse, eine Tochter des Zeus. Von ihr hatte Orpheus seine herrliche Stimme geerbt.

Wenn Orpheus sang und auf seiner Lyra spielte, wurde alles um ihn herum still. Sogar der Wind hielt an, um zuzuhören. Die Bäume hörten auf zu rauschen, Vögel und wilde Tiere folgten dem Sänger verzückt.

Als die Preisrichter seinen Gesang hörten, sagten sie:

„Wir brauchen keine Wettbewerbe mehr zu veranstalten. Den ersten Preis wird immer nur Orpheus bekommen, solange er lebt. So einen Sänger gab es noch nie und wird es sicher nie wieder geben."

Sehr gern wanderte Orpheus durch das Rhodopen-Gebirge.

Dort, auf einer Blumenwiese in der Nähe eines Gebirgsbaches, traf er die Nymphe Eurydike.

Es war für beide Liebe auf den ersten Blick.

Sie heirateten in einem Tempel und versprachen sich, für immer zusammenzubleiben.

Jetzt sang der glückliche Orpheus nur für seine junge Frau. Aber dieses Glück dauerte nicht lange.

Eines Tages, als Eurydike barfuß und lachend zum Bach lief, trat sie aus Versehen auf eine giftige Schlange und die biss sie in die Ferse.

„Orpheus, eine Schlange!", rief Eurydike entsetzt. „Eine Schlange hat mich gebissen."

Sie fiel tot zu Boden.

Mit seinem Gesang versuchte Orpheus, die Seele seiner Frau zurückzuhalten. Aber vergebens.

„Ohne Eurydike kann ich nicht leben! Ohne Eurydike will ich nicht leben!", rief Orpheus verzweifelt.

Seine Freunde, die Hirten, kamen und versuchten ihn zu trösten: „Jeder Sterbliche stirbt irgendwann, Orpheus. Du musst dich damit abfinden."

„Ich kann es nicht und ich will es nicht. Ein Leben ohne Eurydike ist kein Leben mehr."

Die Hirten überlegten. „Deine Trauer, Orpheus, kann jedem Menschen und auch jedem Gott das Herz brechen. Aber Hades, der Gott der toten Seelen und der Unterwelt, kann deine Trauergesänge sicher nicht hören. Er ist viel zu weit weg. Gehe zu ihm und singe ihm von deiner Liebe zu Eurydike. Vielleicht wird er dadurch milde gestimmt."

„Das werde ich tun", sagte Orpheus entschlossen.

Orpheus machte sich auf den Weg zur Unterwelt.

Die Pforte war in einer dunklen Höhle. Dort wachte Zerberus, ein schwarzer, riesengroßer Hund mit drei Köpfen.

Zerberus war auf dem Sprung, um Orpheus zu zerfleischen. Aber der böse Hund kannte den Zauber von Orpheus' Stimme nicht.

28

Orpheus begann zu singen.

Der Hund beruhigte sich, legte sich nieder und wedelte glücklich mit dem Schwanz.

Der Weg zur Unterwelt ging steil bergab, immer tiefer und tiefer in die Erde hinein.

Alles war pechschwarz, dunkler als in der dunkelsten Nacht.

Ein matt schimmerndes Licht ging von den Schatten der Verstorbenen aus, die lautlos an Orpheus vorbei in die Tiefe eilten.

Der Weg endete plötzlich an einem breiten, unterirdischen Fluss.

Das ist der Styx, dachte Orpheus. Jetzt muss ich Charon und seinen Kahn suchen.

Er ging den Fluss entlang.

Bald sah er den Kahn und einen schmutzigen, alten Mann, der schlecht gelaunt die Schatten in den Kahn stieß.

Jede Seele musste ihm eine goldene Münze in die Hand drücken.

Orpheus hielt auch eine goldene Münze bereit.

Aber Charon stieß ihn entsetzt zurück.

„Bist du nicht bei Trost?!", rief er. „Niemals darf ein Lebendiger den Styx überqueren. Auch nicht für hundert Goldmünzen."

Charon stieß Orpheus zurück und sprang in seinen Kahn.

Er blieb aber wie verzaubert stehen. Denn er hörte das Lied, das Orpheus zu singen begann.

Der alte Mann konnte die Ruder nicht mehr bewegen. Er wollte nur zuhören.

Jetzt sprang Orpheus in den Kahn und sagte:

„Charon, du Fährmann der toten Seelen, ich werde für dich einen ganzen Tag lang singen, wenn du mich hinüberfährst."

So überquerte Orpheus den Styx und kam ins Reich der Toten.

Man kann sich die Überraschung des Totengottes Hades und seiner Frau Persephone vorstellen, als vor ihrem Thron plötzlich ein lebendiger Mensch stand.

Orpheus schlug die Saiten seiner Harfe und sang seine Bitte.

„Oh, großer Hades", sang er, „gib mir meine Eurydike zurück. Eine böse Schlange hat ihrem Leben ein Ende gesetzt und ihre Seele musste zu dir eilen. Aber ohne Eurydike kann und will ich nicht leben. Wenn du mir meine Eurydike nicht gibst, dann behalte mich hier. Ich brauche sie, wie du deine Gattin Persephone brauchst. Eurydike ist mein Licht, meine Sonne, mein Atem und das Wasser, das ich täglich trinke. Sie ist die Blume, die meine Augen erfreut ..."

So sang Orpheus, und die ganze Unterwelt war ergriffen und wie gefesselt.

Persephone, die göttliche Gattin des Hades, sagte zu ihrem Gemahl: „Gib ihm seine Eurydike zurück. So eine Liebe hat die Welt noch nicht gesehen."

Jetzt sprach Hades: „Eurydike soll kommen."

Göttliche Boten brachten Eurydikes Seele in den Palast.

Sie schritt langsam, die Wunde an ihrem Fuß hinderte sie beim Gehen.

Orpheus wollte Eurydike umarmen, aber Hades hielt ihn zurück.

„Nicht hier", sagte er. „Vergiss nicht, Orpheus: Sie ist ein Schatten. Sie darf mit dir zurück, aber du musst die Gesetze meines Reiches beachten. Geh zurück zum Ausgang, die Seele wird dir folgen. Du darfst dich aber niemals umdrehen. Wenn du dich umdrehst und sie noch einmal erblickst, wird sie verschwinden und ewig hier bleiben. Jetzt geh und dreh dich nicht um, bis du draußen bist."

„Ich danke dir, Gott des Todes."

Orpheus ging zurück.

Er eilte zur Oberwelt, um so schnell wie möglich seine geliebte Eurydike zu umarmen.

Wieder überquerte er den Styx mit dem Kahn. Dann fand er den steilen Weg, an dessen Ende Zerberus lag.

Er sah schon den Himmel der Oberwelt leuchtend hell auf sich zukommen und er eilte immer schneller und schneller.

Als es nur noch fünf oder sechs Schritte bis zum Ausgang waren, als er gerade an Zerberus vorbeilief, dachte er entsetzt: Ich bin viel zu schnell gelaufen. Vielleicht konnte Eurydike mir gar nicht folgen. Ihre Ferse tat ihr ja noch weh. Warum bin ich so schnell gelaufen? Ich höre ihre Schritte nicht.

Orpheus hatte vergessen, dass Eurydike ein Schatten war und er ihre Schritte gar nicht hören konnte.

Von seinen eigenen Gedanken bestürzt wandte sich Orpheus um und schaute, ob Eurydike ihm noch folgte.

Er sah sie hinter sich stehen, sah, wie sie die Hände nach ihm ausstreckte.

Sie verschwand vor seinen Augen.

So hat Orpheus Eurydike für immer verloren.

Von dieser Stunde an konnte er nur noch traurige Lieder singen.

Er wurde krank und starb sehr bald.

So kam er für immer zu Eurydike, als Schatten. Sie sind bis heute noch in der Unterwelt zusammen.

Tantalos

Nicht jeder dumme Vater hat auch einen dummen Sohn.
Nicht jeder kluge Vater hat auch einen klugen Sohn.
Auch nicht jeder ehrliche Vater hat einen ehrlichen Sohn.
Sehr oft ist es umgekehrt.
Auch Götter haben manchmal missratene Söhne.
So erging es sogar dem Hauptgott Zeus persönlich.
Von Pluto, der Titanin, hatte Zeus einen Sohn, Tantalos. Er
herrschte über Lydien. Er war unermesslich reich und trotzdem
klaute er. Es machte ihm Spaß, die Götter zum Narren zu halten.
Einmal kam er in seinen Palast und rief von weitem schon
seinen Dienern zu:
„Kommt, Leute, kommt her. Ihr sollt sehen, wie gut ihr es
habt, was für ein Glück es ist, dem Tantalos zu dienen. Ich habe
euch etwas mitgebracht: Ambrosia und Nektar. Speise und
Trank der Götter. Kommt, esst und trinkt!"
Die Diener kamen gelaufen.
„Es schmeckt himmlisch."
„Es kommt ja vom Himmel. Ich komme gerade vom Olymp,
wo ich mit den Göttern getafelt habe. Da dachte ich mir – ich
packe heimlich etwas ein und nehme es für meine Leute mit."
„Ist das nicht verboten, oh großer Tantalos?"
„Na und? Es ist verboten. Aber wenn die Götter so dumm
sind und sich beklauen lassen? Keiner hat gemerkt, dass Ambrosia fehlte. Da dachte ich: Zum Ambrosia gehört auch Nek-
tar. Und ließ auch einen Krug Nektar in meinem Gewand verschwinden."
„Und keiner hat es gemerkt?"

„Ich sagte ja – die Götter sind dumm. Ob mein Vater Zeus der Dümmste von ihnen ist, werde ich bald herausfinden."

„Vater! Man darf über seinen Vater niemals so reden", empörte sich da Pelops, der Sohn des Tantalos. „Und ich erlaube auch nicht, dass du meinen Großvater vor deiner Dienerschaft lächerlich machst."

„Du erlaubst nicht?!", donnerte Tantalos. „Wer bist du denn?"

„Ich bin dein Sohn. Und ich weiß, dass ich dir Respekt schulde. Aber ich kann es nicht dulden, wie du vor der Dienerschaft die Götter verspottest. Was du tust, ist sehr gefährlich."

„Es ist noch gefährlicher, mit mir so zu reden!", rief Tantalos, rot vor Wut, und zog sein Schwert. „Geh in die Welt der Schatten. Dass die Götter dumm sind, werde ich an dir beweisen. Ich werde dich den Göttern als Braten vorsetzen."

Mit einem Hieb köpfte er seinen Sohn Pelops. Und tischte ihn tatsächlich, zerteilt und gebraten, den Göttern als Festmahl auf.

Dann sagte er listig: „Bitte, liebe Freunde, greift zu! Ich habe persönlich für euch gekocht. Bitte bedient euch."

Keiner der Götter rührte etwas an.

Nur Demeter, die Göttin der Fruchtbarkeit, die zerstreut und in traurige Gedanken vertieft war, fing an, etwas von Pelops' Schulter zu essen.

Da rief Zeus: „Ich bitte dich, Demeter – iss nicht weiter! Merkst du denn nicht, dass das die Schulter meines geliebten Enkels Pelops ist?"

„Wie ist das möglich – eine solche Gemeinheit!", rief Demeter und schob entsetzt den Teller von sich.

„Oh Zeus", riefen die Götter, „Tantalos muss bestraft werden! Als er Nektar und Ambrosia von unserem Tisch stahl, haben wir beide Augen zugedrückt. Jetzt ist er aber zu weit gegangen. Er ist dein Sohn, aber er ist dessen nicht würdig. Er ist ein Scheusal."

„Ich weiß", donnerte Zeus, „er ist zu weit gegangen. Und seine Strafe wird furchtbar sein. Ich werde ihn in den Tartaros schicken, in ewige Kälte und Dunkelheit. Dort wird er bis zum Hals im Wasser stehen. Aber zu trinken wird er nichts bekommen. Immer wenn er versucht zu trinken, wird das Wasser vor seinen Lippen zurückweichen. Direkt über seinem Kopf werden die allerschönsten Früchte der Welt wachsen. Er aber wird

nie etwas davon essen können. Immer wenn er versucht eine Frucht zu pflücken, werden die Äste in die Höhe schnellen. Er wird ständig Hunger und Durst haben. Und Angst dazu – weil über seinem Kopf an einem dünnen Faden ein Felsbrocken hängen wird, der ihn jederzeit zerschmettern kann. – Tantalos, büße deine Sünden!"

Zeus öffnete die Erde.

Mit entsetzten Schreien fiel Tantalos in den Spalt, der sich unter seinen Füßen öffnete.

Und ihm geschah, was Zeus angeordnet hatte.

Noch heute wird Tantalos von ständigem Hunger, Durst und Angst gequält.

Jahrhundertelang hat er nichts gegessen und nichts getrunken und lebt heute noch.

Denn er ist unsterblich.

„Wir sollten den armen Pelops nicht vergessen", sagte Zeus, nachdem Tantalos im Tartaros verschwunden war. „Hermes, geh und hole ihn aus der Unterwelt. Ich werde ihn wieder zum Leben erwecken."

Und so geschah es.

Die Schulter, von der die Göttin Demeter gegessen hatte, wurde aus Elfenbein geformt und ersetzt.

So erfanden die Götter die erste Prothese der Welt.

Demeter, Hades und Persephone

Demeter, so hieß die griechische Göttin der Fruchtbarkeit.
Sie war eine schöne und gütige Frau, die hohes Ansehen bei
den Göttern des Olymp genoss.

Sogar der allmächtige Zeus hatte sich vor einigen Jahrtausenden unsterblich in sie verliebt.

Aus dieser Verbindung stammte eine Tochter: Persephone.

Die Göttin der Fruchtbarkeit liebte ihre Tochter über alles.

Wohl behütet wuchs das Kind bei den Göttern des Olymp auf.

Persephone wuchs zu einer wunderschönen jungen Frau
heran.

Manchmal stieg sie mit ihren Freundinnen vom Olymp herunter und spielte am Meer.

Bei einem dieser Ausflüge entdeckte Persephone einen tiefen
Brunnen. Sie schaute hinein und sah plötzlich im Wasser ein
Gesicht. Aber nicht ihr eigenes, sondern das Gesicht eines jungen Mannes, der sie anlächelte. Persephone lächelte zurück,
und der Mann im Brunnen erwiderte wiederum ihr Lächeln.

Dann kehrte die junge Göttin heim auf den Olymp.

Aber sie kam immer wieder zu dem Brunnen zurück, von
Neugier getrieben und auch von dem Verlangen, das Gesicht
des jungen Mannes wieder zu sehen.

War er ein Wassergott, der in dem Brunnen wohnte?

Er lächelte sie immer so freundlich an.

Einmal zwinkerte er sogar mit den Augen, als ob er sagen
wollte: „Spring, komm her zu mir!"

„Nein", sagte Persephone, „ich komme nicht. Komm doch
du von da unten herauf."

Das hätte sie vielleicht besser nicht sagen sollen. Oder doch? Plötzlich öffnete sich vor ihren Füßen der Erdboden. Ein breiter Spalt bildete sich und Dampf und Wärme stiegen auf. Plötzlich rollte mit Schwung ein goldener Wagen, gezogen von drei schwarzen Pferden, heraus. Aus den Nüstern der Pferde sprühte Feuer, und aus dem Wagen sprang ein junger Mann – derselbe, der sie aus dem Brunnen angelächelt hatte.

„Du hast gesagt, ich soll heraufkommen. Hier bin ich!", rief er. „Ich bin Hades, der Gott der Unterwelt. Und ich besitze alle Reichtümer, die in der Erde liegen: Gold, glitzernde Edelsteine, Silber und Diamanten und alles, was du dir an Schätzen nur ausdenken kannst. Ich bin der König der Unterwelt. Aber ich brauche auch eine Königin, sonst bin ich so allein. Ich möchte meine Schätze mit jemandem teilen. Willst du nicht meine Frau werden? Komm, steige in meinen goldenen Wagen. Du wirst sehen, dass die Unterwelt genauso schön ist wie die Oberwelt. Werde meine Frau!"

„Ich muss meine Mutter fragen …", antwortete erschrocken Persephone.

„Du bist groß genug, um dein Schicksal selbst zu entscheiden!", rief Hades und gab ihr seine Hand.

„Ich glaube, dass es nicht richtig ist, was wir jetzt tun …", sagte Persephone und stieg in den goldenen Wagen.

Die wilden, schwarzen Pferde machten einen Riesensprung, der goldene Wagen verschwand in dem Spalt und die Erde schloss sich, als wäre nichts geschehen.

Vergebens wartete Demeter, die Göttin der Fruchtbarkeit, an diesem Abend auf ihre Tochter.

Als sie auch an den nächsten drei Tagen ausblieb, machte sich ihre Mutter auf die Suche. Sie flog über die ganze Erde, schaute in jeden Winkel. Aber ihre geliebte Tochter Persephone war spurlos verschwunden.

In ihrem Schmerz versteckte sich die Göttin der Fruchtbarkeit in einer Höhle. Sie wollte niemanden sehen.

Auf einmal gab es auf der Erde keine Fruchtbarkeit mehr.

Die Obstbäume trugen kein Obst, die Kühe bekamen keine Kälber mehr.

Auf den Feldern keimte das ausgesäte Korn nicht mehr.

Auch die Frauen bekamen keine Kinder mehr.

„Götter des Olymp, was ist geschehen?", fragten die ratlosen Menschen. „Wenn das so weitergeht, werden wir bald aussterben, weil nichts auf der Erde wächst. Was hat die Fruchtbarkeit unserer Felder zerstört?"

Zeus sah: Er musste sich einmischen.

Er fragte seinen Sohn Apollon, der alles wusste.

„Wo ist Persephone? Wir müssen Persephone finden, damit ich Demeter überreden kann, sich wieder ihrer göttlichen Aufgabe zu widmen."

„Demeter macht sich umsonst Sorgen", sagte Apollon, „Persephone ist Königin der Unterwelt geworden. Hades hat sie zu seiner Frau gemacht. Und sie ist glücklich mit ihm. Ich verstehe nicht, warum Demeter so traurig ist."

„Weil sie das nicht weiß!", rief Zeus. „Komm, wir gehen zu ihr. Du musst es ihr erklären. Warum hast du das nicht gleich gesagt?"

„Weil Hades mich gebeten hat, niemandem zu verraten, wo Persephone steckt. Aber vor dir, oh großer Zeus und Göttervater, darf ich natürlich keine Geheimnisse haben."

Sie gingen zusammen zu der Höhle, wo sich Demeter, die Göttin der Fruchtbarkeit, versteckt hatte.

„Wir wissen, wo deine geliebte Tochter ist", rief Zeus ihr zu. „Du hast keinen Grund untröstlich zu sein. Sie lebt in der Unterwelt und ist mit meinem Bruder Hades glücklich verheiratet. Also komm heraus und schenke den Menschen wieder die Fruchtbarkeit. Sonst geht die Welt zugrunde."

Demeter ließ sich überreden auf den Olymp zurückzukehren. Aber nur unter einer Bedingung.

Sie sagte: „Einige Monate des Jahres will ich meine geliebte Tochter auf dem Olymp bei mir haben. Bitte, Zeus, rede mit Hades darüber."

Hades erklärte sich bereit, Persephone jedes Jahr für einige Monate zu ihrer Mutter in die Oberwelt zu schicken. Das sind die Monate, in denen auf der Erde alles blüht, wächst und reift.

Die glückliche Demeter schenkt in dieser Zeit der Erde ihre ganze Fruchtbarkeit.

Und wenn Persephone wieder zu ihrem Gatten in die Unterwelt zieht, versteckt sich die Göttin der Fruchtbarkeit in ihrer Höhle.

Dann wächst nichts auf der Erde.

Dann ist es Winter.

Narkissos

In dem griechischen Fluss Kephissos lebte die Nymphe Leiriope.

Diese Nymphe verliebte sich in den Fluss.

Und sie bekam von ihm einen Sohn, den sie Narkissos nannte.

Narkissos war ein wunderschönes Kind – ein Kind der Liebe.

Alle, die ihn sahen, waren wie verzaubert von seiner Schönheit. Auch die wilden Tiere wollten in seiner Nähe sein. Die Vögel kamen und saßen zu Dutzenden in den Ästen der Bäume, nur um ihn zu betrachten.

„Oh, wie schön ist er!", seufzten alle.

„Wie kann ein junger Mann so schön sein."

Narkissos hörte dieses Geflüster und war sehr stolz.

Er wurde mit den Jahren hochmütig und wollte mit niemandem sprechen. Er hätte nicht begriffen, dass schönes Aussehen kein persönliches Verdienst ist. Schön oder hässlich – man wird einfach so geboren und keiner kann es ändern. Es ist keine Strafe und auch keine Belohnung.

Manchmal konnte er stundenlang sein Spiegelbild im Wasser beobachten. Das wurde ihm nie langweilig.

Er bemerkte nicht, dass er sich in sich selbst verliebt hatte.

„Ich bin schön", seufzte er, „ich bin wirklich wunderschön!"

Einmal kam die Nymphe Echo an der Stelle am Fluss vorbei, wo Narkissos sein Spiegelbild betrachtete. Sie schwamm unter Wasser und tauchte plötzlich direkt vor seiner Nase auf.

„Verschwinde!", rief Narkissos. „Siehst du denn nicht – du hast mein Spiegelbild zerstört!"

„Du bist ja wunderschön …", sagte verliebt die Nymphe mit sanfter Stimme. „Willst du mich nicht küssen?"

„Nein! Verschwinde! Du machst mein Spiegelbild kaputt!"

„Ein Spiegelbild kann man nicht zerstören. Ein Spiegelbild ist immer ein Spiegelbild. Aber so, wie du in Wirklichkeit aussiehst, finde ich dich noch schöner. Es ist so schön, dich zu betrachten."

„Ich weiß das. Lass mich jetzt allein!"

„Warum? Gefalle ich dir nicht?"

„Doch. Aber mein Spiegelbild gefällt mir viel besser."

„Komm, umarme mich!"

„Ich umarme mich lieber selber. Weißt du nicht, dass alle in mich verliebt sind?"

Die Nymphe Echo gab auf. Sie schwamm weiter.

In ihrer unerwiderten Liebe zu Narkissos verkümmerte sie und wurde immer kleiner und kleiner, bis von ihr nur noch ihre Stimme übrig blieb: das Echo. So lebt sie heute noch.

Narkissos blieb weiter am Fluss sitzen, sein eigenes Spiegelbild betrachtend. Er verliebte sich immer mehr und mehr in sich selbst, bis er eines Tages sein Spiegelbild zu küssen und zu umarmen versuchte, dabei ins Wasser fiel und ertrank. Die Götter verwandelten ihn in eine Blume: die Narzisse.

Auch die alten Römer kannten die Geschichte von dem wunderschönen Jüngling, der sich in sich selbst verliebte. In ihrer Sprache nannten sie ihn Narziss. Aus diesem Namen entstand auch das moderne Wort „Narzissmus".

Die Ärzte meinen, das sei eine Krankheit.

Atalante

Wer war die schönste Frau im alten Griechenland?

Einige sagen: Helena.

Andere sagen: Atalante.

Darüber könnte man sich bis heute streiten. Schönheit ist nicht messbar. Was aber unbestritten ist: Atalante war die größte Jägerin aller Zeiten.

Die schöne junge Frau war eine Königstochter. Ihr Vater war König Iasos. Aber die schöne Königstochter wuchs nicht im Palast ihres Vaters auf. Warum nicht? Die Geschichte war so:

Jahrelang hatte König Iasos vergeblich auf einen männlichen Nachfolger gewartet. Aber seine Frau bekam keine Kinder. Dann traf ein falsches Orakel ein und erklärte dem König: Er solle sich eine neue Frau suchen, dann würde er sofort einen Sohn bekommen. Der König tat, wie das Orakel riet.

Bald brachte die neue Königin ein Kind zur Welt. Aber es war nicht der lang ersehnte Sohn, sondern ein Mädchen.

König Iasos war sehr enttäuscht. In seiner Wut schrie er: „Bringt das Kind weg! Ich will es nicht sehen!"

„Aber wohin sollen wir das Kind bringen?", riefen seine Diener bestürzt.

„In den Wald! Setzt es im Wald aus!"

Schweren Herzens mussten die Diener den königlichen Befehl ausführen. Sie brachten das Kind in den Wald und beteten zu den Göttern des Olymp; die sollten sich um das kleine Mädchen kümmern.

Man weiß nicht, welcher Gott diese Bitte erfüllte. Aber Atalante überlebte.

Eine Bärin fand sie und brachte sie in ihre Höhle zu ihren eigenen Jungen.

Das Kind trank Bärenmilch, wurde immer kräftiger und raufte mit den kleinen Bären.

Als Atalante einmal aus der Bärenhöhle krabbelte, wurde sie von Jägern gefunden. Sie nahmen das hübsche Kind mit und zogen es auf.

Atalante wuchs zu einer wunderschönen Frau heran. Aber die Jäger hatten sie wie einen Jungen erzogen. Sie liebte das Reiten und Jagen und dachte überhaupt nicht ans Heiraten.

Für die Treffsicherheit ihrer Pfeile war sie in ganz Griechenland berühmt. Auch ihre Schnelligkeit wurde bewundert. Atalante lief wie der Wind und ließ alle Jäger hinter sich. Viele verglichen sie mit Artemis, der Göttin der Jagd. Bildhauer wählten sie als Modell für Statuen der Göttin.

Zu der Zeit machte ein wilder Eber die Landschaft von Kaledonien unsicher.

Aus ganz Griechenland wurden Jäger zusammengerufen, um das Untier zu töten.

Meleagros, der Fürst von Kaledonien, bat auch Atalante, an dieser Jagd teilzunehmen.

Das war eine kluge Entscheidung. Denn Atalante spürte als Erste den Eber auf und verletzte ihn schwer mit einem Pfeil. Erst dann konnten die anderen Jäger den furchtbaren Eber einholen und töten.

In ganz Griechenland erzählte man später: „Habt ihr gehört? Eine wunderschöne junge Frau, Atalante, war die Erste, die mit ihrem Pfeil den Eber traf. Ohne Atalante hätten die Jäger den Eber nicht aufgespürt. Stellt euch das nur vor!"

Auch König Iasos hörte von Atalante. Er sah ihr Bild und wusste sofort: Das war seine Tochter.

Er wollte alles wieder gutmachen. Er schickte Boten zu ihr und lud sie in den Palast.

Als Atalante kam, stürzte der alte König mit offenen Armen auf sie zu und rief: „Komm, meine verlorene Tochter! Ich habe dich endlich wiedergefunden!" Er küsste sie, weinte und bereute seine schreckliche Tat. Atalante blieb bei ihm.

Der König hatte keine anderen Kinder. Er wollte, dass Atalante heiratete und das Fortbestehen der königlichen Familie sicherte.

Atalante wollte aber nicht heiraten: „Ich will keinen Mann haben, dem ich in allem überlegen bin", sagte sie.

„Was für einen willst du dann?"

„Einen, der zum Beispiel viel schneller laufen kann als ich."

„Na gut. Dann verlautbaren wir deine Bedingung", sagte König Iasos, „wir werden in ganz Griechenland verkünden, dass du den Mann heiraten wirst, der dich im Laufen besiegt."

„Aber wenn der Freier mich nicht besiegt – dann muss er sterben", sagte Atalante.

Diese Bedingung war abschreckend. Dennoch kamen junge Männer aus ganz Griechenland, die ihr Glück versuchen wollten.

Hippomenes, ein Urenkel des Meeresgottes Poseidon, war eines Tagen unter den Zuschauern eines solchen Wettlaufs. Er sah Atalante und verliebte sich unsterblich in sie.

Hippomenes rief die Liebesgöttin Aphrodite an.

„Bitte hilf mir, Aphrodite! Wie ein Feuer brennt die Liebe in meinem Herzen und ich werde zu Asche, wenn ich die schöne Atalante nicht heiraten kann. Sie ist aber schnell wie der Wind. So schnell kann ich sicher nicht laufen. Ich weiß, dass ich sie nicht besiegen kann. Und ich weiß aber auch: Ohne sie will ich nicht leben. Du hast die Liebe in meinem Herzen entflammt. Bitte hilf mir, Aphrodite!"

„Bist du nicht der Urenkel Poseidons?"

„Der bin ich. Hast du mich erkannt?"

„Ich bin eine gute Freundin deines Vaters. Ich werde dir helfen. Warte hier. Ich habe etwas für dich."

Aphrodite verwandelte sich in einen Adler und flog nach Zypern, wo ein Apfelbaum wuchs, der goldene Äpfel trug.

Sie pflückte drei Äpfel und kam damit zu Hippomenes zurück.

„Hier …", sagte sie. „Die drei goldenen Äpfel werden das Rennen für dich gewinnen. Gehe ohne Angst in den Wettkampf. Ich werde unsichtbar an deiner Seite sein. Ich werde deinen Beinen Kraft geben. Und ich werde dir sagen, wann du diese Äpfel auf der Laufbahn fallen lassen sollst."

Hippomenes ging zu Atalante und sagte:

„Ich bin bereit, um deine Hand zu rennen."

Hippomenes gefiel Atalante sehr. Und sie überlegte fieberhaft, wie sie ihn retten könnte.

„Lassen wir das Wettrennen …", sagte sie. „Warum willst du sterben?"

„Ohne dich will ich nicht leben", antwortete er.

Da seufzte die schöne Atalante tief. Aber ihr Stolz war viel zu groß, und sie dachte nicht daran das Rennen zu verlieren.

Ein Jagdhorn gab das Signal und das Rennen begann.

Aphrodite half Hippomenes und er konnte gleich auf den ersten Metern einen leichten Vorsprung gewinnen. Aber das Ziel war noch weit. Und Atalante wurde immer schneller.

Als sie zum Überholen ansetzte, flüsterte die Göttin Hippomenes ins Ohr: „Lass den ersten goldenen Apfel fallen!"

Das tat Hippomenes, und die Göttin lenkte Atalantes Blick auf den goldenen Apfel.

Wie verzaubert blieb Atalante stehen. So einen herrlichen Apfel hatte sie noch nie im Leben gesehen. Sie bückte sich, nahm den Apfel und rannte weiter. Aber inzwischen hatte Hippomenes einen weiten Vorsprung.

Trotzdem gelang es Atalante ihn wieder einzuholen.

Nochmals flüsterte Aphrodite ihm ins Ohr: „Jetzt lass den zweiten Apfel fallen!"

Das tat Hippomenes.

Und wieder blieb Atalante wie verzaubert stehen, bückte sich, hob den zweiten Apfel auf und rannte erneut los.

Im Laufen schaute sie immer wieder fasziniert auf die beiden goldenen Äpfel in ihren Händen. Wie sie funkelten und glitzerten. Das kostete natürlich Zeit.

Trotzdem konnte sie Hippomenes kurz vor dem Ziel fast wieder einholen.

„Schnell! Lass den dritten Apfel fallen!"

Das tat Hippomenes.

Wieder blieb Atalante wie verzaubert stehen und bückte sich, um den Apfel aufzuheben.

In diesem Moment erreichte Hippomenes das Ziel.

„Ich habe gesiegt! Ich habe gesiegt!", rief er. „Ich habe dich gewonnen, Atalante!"

„Ich habe auch viel gewonnen!", lachte sie. „Die drei goldenen Äpfel – und dich!"

Das Goldene Vlies

Es lebte in alten Zeiten in Griechenland ein König mit Namen Athamas. Ihm gehörte das Land Thessalien. Als seine Frau Nephele starb, wollte der König nicht lange Witwer bleiben. Er heiratete bald wieder.

Leider war die neue Königin sehr böse zu seinen kleinen Kindern aus der ersten Ehe, den Zwillingen Helle und Phrixos. Sie duldete kein Lachen, kein Spiel. Jeden Tag bestrafte sie den Jungen Phrixos. Dazu fand sie immer einen Grund.

Die kleine Helle weinte jeden Tag, wenn sie sah, wie ungerecht die Stiefmutter ihren Bruder behandelte. Ihre Augen wurden rot vom vielen Weinen.

Da bestrafte die Königin auch das Mädchen, weil es Mitleid mit dem Bruder hatte.

Jede Nacht betete die kleine Helle in ihrem Bett zu den Göttern des Olymp.

„Bitte, ihr Götter, helft uns. So können wir nicht mehr weiterleben. Holt uns zu unserer Mutter ins Reich der Schatten."

Die Stimmen der Kinder drangen bis zur Unterwelt, wo die Seele ihrer verstorbenen Mutter sie hörte.

Die Königin wandte sich an Gott Hermes, ihren Beschützer.

„Bitte hilf meinen Kindern. Rette sie vor dem Hass der Stiefmutter. Wenn es nicht anders geht, lass sie zu mir kommen."

Hermes erhörte die Bitte und schickte zum Hof des Königs Athamas in Thessalien ein Tier: einen großen, prächtigen Widder mit goldenem Fell und goldenen Hörnern. Wie Rubine leuchteten seine Augen. Seine Hufe waren aus Silber.

Dieser göttliche Widder konnte fliegen.

Und er kam vom Olymp angeflogen, durchbrach die Wolken, die an diesem Tag über Thessalien hingen, und landete im Garten des Königshofes, wo die Kinder gerade zur Strafe den Weg fegen mussten.

Alle waren wie geblendet von der Schönheit des Tieres. Die Zwillinge staunten, als der Widder plötzlich zu ihnen sprach.

„Kommt mit mir, Kinder. Klettert auf meinen Rücken. Ich bin gekommen, um euch zu retten."

Sofort kletterten Phrixos und Helle auf den Widder. Er hatte einen prächtigen, breiten Rücken.

„Jetzt haltet euch gut fest an meinem goldenen Fell!", sagte das geflügelte Tier, und mit einem Riesensprung erhob es sich in die Luft.

Der göttliche Widder stieg immer höher und höher. Er strahlte wie ein Feuerball in der Sonne. Und alle, die ihn sahen, fielen auf die Knie. Sie wussten: Die Götter hatten die Hand im Spiel.

„Wohin fliegen wir?", fragte Phrixos, „bringst du uns zum Olymp?"

„Nein", antwortete der goldene Widder, „ich bringe euch zur Insel Kolchis, so lautet mein göttlicher Auftrag. Wir müssen jetzt über das Meer fliegen. Haltet euch gut fest und schaut zum Himmel auf. Blickt auf keinen Fall hinunter in die Tiefe."

„Ist die Tiefe so schrecklich?", wollte Helle wissen.

„Wenn du hinunterschaust, wird dir schwindlig. Deine Hände werden ihre Kraft verlieren und du wirst von meinem Rücken herunterrutschen und ins Meer fallen. Darum: Schaut auf keinen Fall in die Tiefe. Das Meer ist hier verzaubert."

Die kleine Helle war aber neugierig. Ich werde nur mit einem Auge nach unten schauen, dachte sie.

Das tat sie, und dann geschah alles genauso, wie der goldene Widder es gesagt hatte.

Ihre Hände wurden auf einmal kraftlos und sie rutschte von dem breiten Rücken des Widders herunter:

Sie fiel ins Meer und kam ins Reich der Schatten, wo ihre Mutter sie erwartete.

Seit diesem Tag wird das Meer dort nach ihr genannt: Helles-
pont, das heißt das „Meer der Helle".

Auf dem Rücken des goldenen Widders kam Phrixos allein
auf der Insel Kolchis an.

König Aietes, der Kolchis regierte, verbeugte sich vor dem
goldenen Widder und Phrixos und sagte:

„Ihr seid beide willkommen. Bleibt hier, solange ihr wollt."

Zu seinem großen Erstaunen antwortete der Widder mit
menschlicher Stimme.

„Ich habe meine Arbeit getan. Ich darf nicht länger unter den
Menschen bleiben."

„Fliegst du jetzt weg?", wollte Phrixos wissen.

„Nein. Ich werde auf andere Art zurück zum Olymp gelan-
gen. Du sollst mich schlachten und den Göttern opfern. Mein
Fell, das Goldene Vlies, soll hier auf der Erde als Erinnerung
bleiben. Nagle es an diesen großen Baum vor dem Zeus-Tempel. Alle sollen wissen, dass hier einmal ein göttlicher Bote gewesen ist."

Alles geschah so, wie der goldene Widder es wollte. König
Aietes, der Herrscher von Kolchis, war jedoch besorgt.

„Diebe werden bald das Goldene Vlies stehlen", meinte er.
„Ich muss mir etwas einfallen lassen."

König Aietes war ein Sohn des Sonnengottes Helios.

Daher konnte er zaubern.

Und er zauberte sofort einen schrecklichen Drachen, dessen
Aufgabe es war, das Goldene Vlies immer zu bewachen.

Achilleus

Die Meernymphe Thetis war sicherlich eines der schönsten Geschöpfe, die auf dieser Erde lebten. Sie heiratete den König Peleus.

Bald wurde ein Sohn geboren: Achilleus.

Thetis und Peleus liebten ihn über alles.

Die Meernymphe war unsterblich, aber ihr Mann, der König, war sterblich.

Thetis wollte auch ihrem Sohn Unsterblichkeit verleihen.

Als Meernymphe bekam sie von göttlichen Boten Nektar und Ambrosia vom Olymp überbracht – Speise und Trank, die das ewige Leben der Götter sicherten. Sie selbst aß und trank nur einen Teil davon. Den Rest gab sie heimlich ihrem Sohn, obwohl das nach den göttlichen Regeln strengst verboten war.

Der kleine Achilleus erhielt dadurch übermenschliche Kräfte.

Einmal kam König Peleus von der Jagd nach Hause und ging direkt in die Backstube seines Palastes, weil er von weitem gesehen hatte, dass aus dem Schornstein Flammen zum Himmel schlugen.

Was ist hier los?, dachte er. Brot haben wir doch gestern gebacken. Heute müsste der Ofen aus sein …

Er öffnete die Tür und war entsetzt.

Er sah den kleinen Achilleus, der wie ein Brot im Ofen lag, von Glut und Asche umgeben.

Das Kind war nackt und zappelte mit Händen und Füßen.

Seine Mutter häufte immer wieder Glut und Asche auf seinen Körper.

„Du verbrennst das Kind, Unglückliche!", rief der König entsetzt und stieß seine Frau beiseite. Er griff mit nackten Händen ins Feuer und riss Achilleus aus der Glut.

Zu seinem größten Erstaunen sah er, dass der Kleine überhaupt nicht verletzt war. Bevor sie ihn ins Feuer steckte, hatte Thetis ihn mit Ambrosia gesalbt.

„Ich will das Kind unsterblich machen, du Blödmann!", rief die Nymphe wütend. „Und du störst mich! Geh! Dies hier ist nicht für die Augen eines Sterblichen!"

Sie war so wütend, dass sie das Kind in den Arm nahm und wegrannte.

Thetis ging mit dem Kind in die Unterwelt.

Sie kannte alle göttlichen Geheimnisse: Wenn ein Sterblicher in dem heiligen Fluss Styx, der die Unterwelt im Kreis umfließt, badet, dann wird seine Haut so stark, dass kein Schwert und kein Speer und überhaupt nichts auf der Welt sie verletzen kann.

Die Meernymphe packte ihren Sohn am rechten Fuß und tauchte ihn dreimal im Styx unter.

„Jetzt brauchst du vor niemandem Angst zu haben, Achilleus. Du wirst der größte Held aller Zeiten!"

Thetis wollte nicht mehr zu ihrem Mann zurück.

Das Meer war ihr Zuhause. Dorthin ging sie.

Ihr Kind ließ sie bei dem weisen Kentauren Chiron, einem Freund ihres Vaters.

Chiron wurde der Lehrer von Achilleus. Er brachte ihm Schreiben, Rechnen, Lesen bei, natürlich auch schnell zu laufen, den Speer treffsicher zu werfen, mit dem Schwert zu kämpfen.

Er brachte ihm alle Künste und Fähigkeiten bei, die man damals brauchte.

Seine Mutter besuchte ihn oft.

Sie freute sich immer sehr, wenn sie den starken und schönen Jungen betrachtete.

Aber sie hatte Angst um ihn. Sie hatte eine Vorahnung, dass er trotz allem nicht lange leben würde.

Sie ging zum delphischen Orakel und fragte: „Was wird das Schicksal meines geliebten Sohnes Achilleus sein? Ich möchte es wissen."

Das Orakel antwortete:

„Dein Sohn wird selbst über sein Leben bestimmen. Er wird selbst bestimmen, wie lange er lebt. Bald wird ein Krieg zwischen Athen und Troja ausbrechen. Wenn dein Sohn an diesem Krieg teilnimmt, wird er sterben. Wenn er aber zu Hause bleibt,

wird er über hundert Jahre alt werden und vielleicht noch älter. Sein Leben wird in Ruhe und ruhmlos verlaufen."

„Ich danke dir!", rief Thetis und eilte zum Kentauren Chiron, der Achilleus unterrichtete.

„Es ist Zeit, mein Sohn", sagte sie, „dass du an den Königshof von Lykomedes gehst. Dort erwarten dich viele hübsche Mädchen und ein schönes Leben. Ich möchte, dass du für die nächste Zeit dort bleibst. Und weil es in Griechenland üblich ist, dass Jungen und Mädchen getrennt spielen, werden wir dich als Mädchen verkleiden. Du wirst dort viel Spaß haben."

Gesagt – getan.

Verkleidet als Mädchen lebte Achilleus einige Zeit am Hof des Königs Lykomedes.

Aber eines Tages kamen Boten des Königs Agamemnon dort an. Sie wollten junge Männer als Soldaten für den Feldzug nach Troja gewinnen.

Unter ihnen war auch der listige Odysseus, der wusste, dass Achilleus hier in Mädchenkleidern versteckt gehalten wurde.

Odysseus ließ in der Halle des Palastes Waffen und Rüstungen liegen, aber auch Schmuck und schöne Kleider.

Die jungen Mädchen stürzten sich augenblicklich auf die Kleider und bewunderten den Schmuck.

Achilleus griff sofort nach den Waffen und nahm ein Schwert in die Hand.

„So ist es recht!", rief Odysseus. „Ich habe dich gesucht, Achilleus! Zieh die Mädchenkleider aus und komm doch mit uns. Wir sammeln Krieger, um Troja ruhmreich zu besiegen. König Agamemnon bittet dich, in diesem Krieg sein Heer anzuführen."

„Ich komme mit!", rief Achilleus.

Damit hatte Achilleus sein Schicksal besiegelt.
Viele Gegner besiegte er in diesem Krieg.
Vor Trojas Stadtmauer tötete er auch den großen Helden Hektor und noch unzählige weitere Trojaner.
Immer größer und größer wurde sein Ruhm. Seine Gegner zitterten vor Angst, wenn sie nur seinen Namen hörten.
Er wurde immer grausamer und machte sich über die getöteten Gegner auch noch lustig.
Das erzürnte die Götter des Olymp. Sie beschlossen: „Dem grausamen Treiben des Helden Achilleus muss ein Ende gemacht werden."
Aber wie sollte man ihn töten?
Die Götter erinnerten sich, dass Achilleus nur eine einzige verletzliche Stelle am Körper hatte: Das war die Ferse, an der seine Mutter ihn damals gehalten hatte, als sie ihn in den Styx tauchte.

Gott Apollon persönlich lenkte einen Pfeil vom Bogen des Trojaners Paris.

Der Pfeil traf genau und durchbohrte die Ferse. Achilleus verblutete.

So starb einer der größten Helden der alten Griechen.

Bis heute ist der Ausdruck „Achillesferse" erhalten geblieben. Man bezeichnet damit die schwache Stelle eines Menschen.

Medusa

In den alten Zeiten lebten hinter dem Ozean drei schreckliche Schwestern. Sie waren die Töchter eines Meeresungeheuers.
Zwei der Schwestern waren unsterblich. Die dritte aber, sie nannte sich Medusa – *Die Königin* – war sterblich. Und eben weil Medusa sterblich war, wollte sie auch einmal sehen, wie andere Sterbliche lebten. Sie machte sich auf und flog zu den Menschen nach Griechenland, genauer gesagt nach Athen. Medusa sah so schrecklich aus, dass jeder, der sie erblickte, vor Angst versteinerte.
Nach Medusas erstem Besuch fanden die Menschen in Athen eine ganze Reihe von Marmorstatuen auf den Straßen, die vorher nicht da gewesen waren. Sie dachten, die Statuen seien Geschenke der Götter.
„Götter, wir danken euch!", riefen die Athener begeistert und schleppten die Statuen in ihre Gärten. Sie wunderten sich nur, weshalb die Steinfiguren Kleider aus Stoff anhatten.

Bald vermissten einige Athener ihre Verwandten. Sie waren spurlos verschwunden.

Kinder suchten weinend ihre Väter und Mütter, Eltern ihre Kinder. Ihr könnt euch das Entsetzen dieser Menschen vorstellen, als sie ihre Lieben versteinert vorfanden.

Kreidebleich kam ein Friseur auf allen vieren angekrochen, denn ihm zitterten vor Angst die Beine so sehr, dass er nicht mehr aufrecht gehen konnte.

„Leute", schluchzte er, „ich weiß, was geschehen ist."

„Was denn nur? Los, erzähl!"

„Ich muss mich zuerst beruhigen. Ich habe sie gesehen. Die Frau hat statt Haaren lebendige Schlangen auf dem Kopf. Sie hat einen Hintern und Beine wie ein Pferd. Alle, die sie angesehen haben, sind sofort zu Stein erstarrt."

„Ja, aber … Warum bist du mit dem Leben davongekommen?"

„Das versuche ich euch soeben zu erklären. Also, das war so: Ich war gerade dabei, einen Kunden zu rasieren. Mit der linken Seite war ich schon fertig. Also habe ich seinen Kopf zur anderen Seite, das heißt zur Straße gedreht. Ich will eben weiterrasieren, da bemerke ich, dass der Kunde immer starrer wird. Ihr werdet es nicht glauben, aber unter meinem Messer wurde der Mann zu Stein! Es war entsetzlich. Da fiel mein Blick in den Spiegel und ich sah, wie die Frau mit dem Schlangenhaar die Straße entlangging. Und jeder, der sie sah, versteinerte auf der Stelle. Ich glaube, ich wurde verschont, weil ich sie nur im Spiegel gesehen habe. Wer mir nicht glaubt, braucht nur in meinen Laden zu kommen!"

Ein Raunen des Entsetzens und der Angst ging durch die Menge.

„Freund", rief ein Mann, „nur Pallas Athene, die Schutzgöttin unserer Stadt, kann uns helfen. Sie hat uns die Olivenbäume geschenkt. Sie wird uns auch jetzt nicht im Stich lassen. Wir sollten ihr Opfergaben bringen und in ihrem Tempel beten."

Ganz Athen pilgerte zum Tempel der Pallas Athene.

„Große Göttin Athene, errette uns vor der Frau mit dem Schlangenhaar!"

Sie beteten lange und inbrünstig, bis Athene schließlich vom Olymp herunterstieg und sich zeigte.

„Ich kenne diese Frau, sie heißt Medusa", sagte Athene. „Geht nach Hause, Athener, und seid ohne Sorge. Medusa wird kein zweites Mal hierher kommen."

Athene kehrte zum Olymp zurück und rief den Helden Perseus zu sich.

„Perseus", sagte sie, „du bist der Sohn einer griechischen Prinzessin und dein Vater ist Zeus. Ich habe einen schwierigen Auftrag, den nur du ausführen kannst. Rette das Volk von Athen. Köpfe die Medusa. Aus dem Leib der toten Medusa wird ein geflügeltes Pferd herausspringen, das auf den Namen ,Pegasus' hört. Pegasus kann fliegen und wird dir treu dienen. Dieses Wunderpferd wird deine Belohnung sein."

„Wo finde ich Medusa?"

„Du musst ans andere Ende des Ozeans fliegen. Hermes, der Götterbote, wird dir ein Paar seiner Flügelschuhe leihen. Und noch etwas: In der Nähe des Ungeheuers wohnen drei Nymphen. Sie hassen Medusa und werden dir helfen, sie zu töten. Jetzt geh und zeige, dass du ein Sohn des großen Zeus bist."

Mit den geflügelten Schuhen des Hermes an den Füßen fand Perseus in wenigen Stunden die drei Nymphen.

Die erste Nymphe überreichte ihm einen Hut: „Das ist eine Tarnkappe. Wenn du sie dir auf den Kopf setzt, dann bist du unsichtbar."

Die zweite Nymphe gab ihm ein Schwert: „Dieses Schwert ist aus dem härtesten Metall, das es gibt. Nur mit dieser Waffe wirst du Medusa köpfen können."

Die dritte gab ihm einen Sack: „Der ist für den Kopf der Medusa!", rief sie. „Vergiss nicht, dass du ihren Kopf niemals ansehen darfst. Auch die tote Medusa kann dich zu Stein verwandeln."

64

Kaum hatte sich Perseus von den Nymphen verabschiedet, stand Pallas Athene vor ihm.

„Hier, du Held", sagte die Göttin. „Nimm diesen glänzenden Schild. Du wirst ihn brauchen. Nimm ihn in die Hand und gehe rückwärts auf Medusa zu. Blicke sie nur über ihr Spiegelbild im Schild an. Ihr Spiegelbild ist ungefährlich."

An einem Strand am Ozean fand Perseus die drei schrecklichen Schwestern. Er legte sich mit seinen Wunderwaffen auf die Lauer und wartete, bis sie ihr Mittagsschläfchen hielten.

Er setzte seine Tarnkappe auf und schlich sich rückwärts an Medusa heran. In seinem spiegelnden Schild konnte er das schreckliche Ungeheuer gefahrlos beobachten.

Mit einem Hieb schlug er das Schlangenhaupt ab.

Schnell steckte er Medusas Kopf in seinen Sack. Erst dann nahm er seine Tarnkappe wieder ab.

Jetzt geschah das Wunder, das Pallas Athene vorausgesagt hatte: Aus dem blutenden Leib der Medusa erhob sich Pegasus, ein wunderschönes weißes Pferd mit prächtigen Flügeln. Wiehernd kniete sich das Tier vor seinem Befreier nieder.

Perseus setzte sich auf den Rücken des Pferdes und flog davon.

Den Sack mit Medusas Kopf bewahrte er in einem geheimen Raum seines Schlosses auf. Wenn Feinde sein Reich angriffen, ritt er ihnen allein entgegen: In der Hand hielt er nur den Sack mit Medusas Kopf. Während er selbst zur Seite schaute, zeigte er den feindlichen Kriegern Medusas Kopf und sie versteinerten auf der Stelle.

Medusa war zwar tot, aber ihr Anblick ließ noch unzählige Menschen zu Stein erstarren.

Deshalb gab es im alten Griechenland auch so viele Marmorstatuen.

So viele, dass noch heute alle Museen voll von ihnen sind.

Sisyphos

Wer war der stärkste und schlaueste Mensch im alten Griechenland? Viele sagen, es war Perseus, der Mann, der Medusa getötet hat. Andere meinen, es war Herkules, der so viele Heldentaten vollbracht hat. Aber nicht wenige meinen, der Stärkste und Schlaueste aller Griechen war Sisyphos. Der Mann, der sogar den Tod überlisten konnte.

Sisyphos war der König von Korinth.

Man erzählt von ihm, er sei listiger als der Fuchs und stärker als ein wildes Tier gewesen.

Ja, er soll sogar gewagt haben den großen Gott Zeus herauszufordern.

Als Zeus dieses Gerücht zu Ohren kam, war er sehr verärgert.

Er dachte: Sisyphos ist es nicht wert, dass ich ihm einen meiner Blitze schicke, um ihn zu vernichten. Ich mache mir da gar nicht die Hände schmutzig. Ich schicke ihm einfach den Tod."

Thanatos, der Tod, flog sofort nach Korinth in den Palast des Sisyphos. Er sagte zu ihm: „Ich bin Thanatos, der Tod. Deine Zeit ist um. Du musst mit mir kommen."

„Das freut mich sehr", log Sisyphos.

„Hast du denn keine Angst?"

„Warum denn? Jeder Mensch muss irgendwann einmal sterben. Nach hundert Jahren fragt keiner mehr danach, wann wer gestorben ist. Komm, lass uns noch einen Ouzo zusammen trinken und dann können wir gehen."

„Ouzo? Was ist denn das?", fragte der Tod.

„Sag bloß, du kennst den berühmten griechischen Anisschnaps nicht? An dir geht ja das Leben vorbei!"

„Nun, ich bin der Tod. Ich habe viel zu tun."'

„Trotzdem. Den Schnaps musst du unbedingt probieren. Wir trinken zusammen einige Gläschen und dann gehen wir."

„Na gut", nickte der Tod. „Ich lebe nun schon ewig, und doch habe ich noch nie einen Schnaps getrunken. Aber länger als fünf Minuten nehme ich mir dafür nicht Zeit …"

Schnell holte der König eine Flasche Schnaps und zwei Gläser.

Thanatos war begeistert.

Er trank ein Glas nach dem anderen.

Bald hatte er seinen tödlichen Auftrag vergessen, und nach der zweiten Flasche schlief er selig ein.

Sisyphos fesselte den schlafenden Tod mit eisernen Ketten und verstopfte seinen Mund so fest mit Watte, dass er keinen Mucks mehr von sich geben konnte.

Dann warf er ihn in den Keller seines Palastes.

Auf der Erde brachen glückliche Zeiten an.

Keiner starb mehr und die Menschen vermehrten sich stetig.

Eines Tages blickte Zeus vom Olymp zur Erde hinab und wunderte sich, dass dort so viele Menschen lebten.

„Die Erde ist ja total übervölkert!", rief er. „Wo ist denn der Tod?"

Alle Götter machten sich auf die Suche nach Thanatos. Doch der Tod war nirgends zu finden.

Zeus dachte nach.

Er fragte Apollon, den Gott der Weissagung, der alles wusste.

„Ich sehe Thanatos im Keller des Palastes von Sisyphos liegen, geknebelt und gefesselt", antwortet Apollon.

„Ares!" Zeus rief den Gott des Krieges zu sich. „Eile zur Erde und befreie den Tod von seinen Fesseln!"

Ares tat, wie ihm befohlen.

Und auf einmal stand der Tod wieder vor Sisyphos.

„Jetzt gibt es kein Entrinnen mehr!", rief Thanatos wütend und riss Sisyphos die Seele aus dem Leib. „Jetzt bringe ich dich in das Reich der Schatten!"

So kam der König von Korinth in die Unterwelt.

Dort herrschte der Gott Hades.

Hades war es gewohnt, dass ihm die Angehörigen der Toten Opfer brachten.

Für die Seele des mächtigen Königs Sisyphos malte er sich natürlich die herrlichsten Opfergaben aus.

Aber Hades wartete vergeblich.

Denn der listige Sisyphos hatte vor seinem Tod seiner Frau befohlen: „Du darfst unter keinen Umständen um mich trauern, und bringe auch keine Opfer dar. Lass meinen Körper einfach im Palast liegen. Du darfst mich auf keinen Fall beerdigen."

Hades wartete noch einige Tage ab.

Aber nichts kam.

Da schickte er Boten nach Korinth, die nachsehen sollten, was los war.

Als die Boten zurückkehrten, berichteten sie: „Wir sind sprachlos, Gott Hades. Sisyphos' Leiche liegt noch genauso da wie am Tag seines Todes. Kein Mensch kümmert sich darum, dass der König tot ist. Die Diener gehen an der Leiche vorbei und grüßen sie, als wäre Sisyphos noch am Leben."

„Und wie verhält sich Sisyphos' Witwe?", fragte Hades erstaunt.

„Genauso wie seine Diener. Gestern ging sie sogar zum Tanzen."

„Das heißt, sie denkt gar nicht daran, mir Opfer zu bringen?"

„Es sieht ganz so aus. Für Sisyphos bekommen wir sicher keine Opfergaben", meinten die Boten.

„Dann will ich auch seine Seele nicht hier in meinem Reich haben!", rief Hades erzürnt. „Schickt sie zurück zur Oberwelt!"

Und auf einmal stand Sisyphos in seinem Palast auf, so als hätte er nur ein kleines Nickerchen gemacht.

Seine Seele war in seinen Körper zurückgekehrt.

„Hurra! Es hat funktioniert!", jubelte Sisyphos. „Es ist alles genauso abgelaufen, wie ich es mir gedacht habe!"

Sisyphos küsste seine Frau und bedankte sich dafür, dass sie seine Anweisungen so getreu befolgt hatte.

Es vergingen Jahre, bis Zeus wieder einmal nach Korinth hinunterschaute.

„Ist der König, der dort Feste feiert, nicht Sisyphos?", rief er ungläubig. „Der müsste doch seit Jahren tot sein!"

Zornig rief Zeus nach dem Tod. Thanatos kam gelaufen. Kreidebleich fiel er vor Zeus auf die Knie.

„Schau mal da runter! Ist das nicht Sisyphos? Sollte der nicht seit Jahren tot sein?"

„Ich fürchte, es ist Sisyphos, großer Zeus."

„So! Und warum lebt er noch?"

„Keine Ahnung. Ich jedenfalls habe ihn vor Jahren schon in die Unterwelt zu Hades geschickt! Diesmal ist es nicht meine Schuld, Ehrenwort."

Jetzt begriff Zeus, dass Sisyphos auch den Gott der Unterwelt hereingelegt hatte.

Zeus rief außer sich vor Wut: „Dieses Schlitzohr werde ich fürchterlich bestrafen. In die Hölle mit ihm! Dort soll er einen schweren Marmorstein einen Hügel hinaufrollen. Wenn er verschwitzt und am Ende seiner Kräfte oben angekommen ist, soll der Stein wieder herunterrollen. Dann muss ihn Sisyphos wieder nach oben schleppen. Und so soll es immer weitergehen. Eine Ewigkeit lang. Sisyphos wird sich noch danach sehnen sterben zu dürfen, aber ich werde ihn nicht von seinen Qualen erlösen."

Und weil er nicht gestorben ist, müht sich Sisyphos noch heute ab, den schweren Marmorstein den Hügel hochzuschieben.

Und immer wieder rollt der Stein nach unten.

Und immer wieder muss die Arbeit von vorne beginnen.

Unendlich schwer und unendlich sinnlos.

Das nennt man eine *Sisyphosarbeit.*

Apollon und Daphne

Einmal saß Eros, der Gott der Liebe, in der Gestalt eines kleinen Jungen auf einer Wolke. In der Hand hielt er wie immer seinen Bogen und seine Liebespfeile.
    Da kam Apollon des Wegs.
    Er sagte zu Eros: „He, Kleiner, ist es nicht zu schwer für dich, mit Pfeil und Bogen zu schießen? Willst du das nicht lieber mir überlassen? Du bist doch so schmächtig. Schenke mir deine Pfeile und deinen Bogen!"
    Eros war sehr beleidigt.
    Wütend rief er: „Du vergisst eines, Apollon. Ich bin zwar klein, aber ich bin dennoch mächtiger als du."
    „Ho, ho, ho! Dass ich nicht lache!", antwortete der schöne Apollon. „Schau mich an. So wie ich aussehe, verliebt sich jede Frau sofort in mich. Bei mir kannst du dir deine Liebespfeile sparen."
    „Diese Worte wirst du noch bereuen …", sagte Eros und verschwand.
    Er flog direkt zu seiner Werkstatt.

Dort begann er zu arbeiten.

Bald waren zwei Pfeile fertig: ein Liebespfeil aus Gold und ein Hasspfeil aus Eisen.

Mit diesen zwei Pfeilen bewaffnet schlich sich Eros von Wolke zu Wolke.

Es dauerte nicht lange, da hatte er Apollon gefunden.

Apollon unterhielt sich mit der Nymphe Daphne.

Sie kicherte und machte Apollon schöne Augen.

„Jetzt habe ich dich genau da, wo ich dich haben wollte!", jubelte Eros und schoss Apollon einen goldenen Liebespfeil in den Rücken.

Der Pfeil tat sofort seine Wirkung: Apollon entflammte in unsterblicher Liebe zu Daphne. Er fiel vor ihr auf die Knie.

Er zauberte sich eine Flöte und begann Liebeslieder zu spielen. Da er unter anderem auch der Gott der Musik war, spielte er unvergleichlich schön.

„Oh, wie schön", seufzte Daphne. „Wie wunderschön!"

„Ich liebe dich, Daphne", rief Apollon. „Ich liebe dich. Willst du meine Frau werden?"

Ehe die Nymphe begeistert zustimmen konnte, traf sie der zweite Pfeil des Eros. Der eiserne Pfeil des Hasses.

Eros hatte ihn ihr mitten ins Herz geschossen. Und sie rief dem verdutzten Apollon zu: „Niemals werde ich deine Frau! Verschwinde!"

Apollon war fassungslos: „Aber warum denn?"

„Ich kann dich nicht ausstehen!"

„Was soll ich nur machen, damit ich dir gefalle?"

„Verduften!"

Apollon wollte es nicht glauben. Er versuchte die Nymphe zu umarmen. Doch Daphne lief schreiend davon.

Apollon war untröstlich. Sein Liebeskummer war so groß, dass er alle seine göttlichen Aufgaben vernachlässigte. Er war nur noch damit beschäftigt, der schönen Nymphe zu folgen und ihr von seiner Liebe zu singen.

„Ich werde Daphne mit Gewalt zu meiner Frau machen", rief er.

Als Daphne diese Drohung hörte, fiel sie auf die Knie und flehte: „Götter, helft mir! Lieber will ich sterben, als diesen Apollon heiraten!"

Die Götter erhörten ihre Bitte. Sie verwandelten sie in einen Lorbeerbaum.

Doch das machte der Liebe Apollons keineswegs ein Ende.

Er flocht sich einen Lorbeerkranz und setzte ihn sich auf den Kopf.

Er streichelte ihn und seufzte: „Süße Daphne! Ich werde dich ewig lieben!"

„Wir haben es immer gewusst", spotteten die anderen Götter. „Der schöne Apollon ist ein bisschen beklopft."

Und Eros lachte sich dabei ins Fäustchen.

Phaethon und der Sonnenwagen

Im alten Griechenland lebte ein gut aussehender junger Bursche. Sein Name war Phaethon und seine Mutter hieß Klymene.

Sie war nicht verheiratet.

Phaethon wusste lange Zeit nicht, wer sein Vater war.

War er gestorben? War er in ferne Länder gegangen? War er ein Krieger oder ein Kaufmann?

Seine Mutter redete nie über seinen Vater.

Als Phaethon achtzehn Jahre alt wurde, ging er zu seiner Mutter und sagte: „Mutter, ich bin jetzt ein Mann. Ich möchte endlich wissen, wer mein Vater ist. Das ist mein Recht!"

Seine Mutter antwortete ausweichend: „Habe ich nicht die ganzen Jahre über gut für dich gesorgt?"

„Das hast du. Ich will aber wissen, wer mein Vater ist. Alle meine Freunde prahlen mit ihren Vätern. Nur ich kann nichts sagen. Ich weiß nicht einmal, ob mein Vater noch lebt."

„Er lebt. Und er wird ewig leben", antwortete Klymene.

„Ist er denn unsterblich? Ist er etwa ein Gott?"

„Dein Vater ist Helios, der Sonnengott. Vor ungefähr neunzehn Jahren hat er sich in mich verliebt. Neun Monate später wurdest du geboren."

Strahlend lief Phaethon zu seinen Freunden, um ihnen die Neuigkeit zu berichten.

Aber keiner glaubte ihm. Alle lachten ihn aus.

„Dein Vater soll der Sonnengott sein? Wer hat dir denn dieses Märchen erzählt? Wenn du willst, dass wir dir glauben, dann musst du uns schon einen Beweis bringen."

77

„Gut", nickte Phaethon, „ich werde es euch beweisen."

Er zog seine Wanderschuhe an, packte seinen Rucksack und zog los, um seinen Vater zu suchen.

Helios war wie jeden Tag mit seinem Sonnenwagen am Himmel unterwegs. Seine Aufgabe war es ja, die Welt zu erhellen.

Vom Himmel sah er seinen Sohn mit suchendem Blick auf der Erde wandern.

Helios wusste sofort Bescheid. „Zeig meinem Sohn den Weg zum Palast", befahl er einem Adler.

Der Adler flog zu Phaethon und tat, wie ihm befohlen.

Am selben Abend noch stand Phaethon voll Bewunderung in dem göttlichen Palast seines Vaters.

Wenn meine Freunde nur sehen könnten, wie mein Vater wohnt, dachte Phaethon.

Er wusste: Keiner seiner Freunde würde ihm auch nur ein Wort glauben, wenn er davon erzählte.

Alles war aus schimmerndem Gold gebaut. Überall funkelten Edelsteine.

Gott Helios saß auf einem goldenen Thron.

In seinem Gefolge befanden sich der Tag, die Nacht, die Woche, der Monat, das Jahr und die Jahrhunderte.

Auch der junge Frühling war dabei. Er hatte sich mit bunten Blumen geschmückt.

Neben ihm stand der Sommer, braun gebrannt.

Der Herbst hielt einen Korb voll Früchte in der Hand, und der Winter hatte anstatt Haaren Eiszapfen auf dem Kopf.

„Komm her, mein Sohn. Was führt dich zu mir?", fragte Helios.

„Ich will meinen Freunden beweisen, dass du mein Vater bist. Bitte, Helios, zeige allen Menschen, dass ich dein Sohn

78

bin. Keiner glaubt mir. Ich kann den Spott meiner Freunde nicht mehr ertragen."

„Das mache ich gerne, mein Sohn. Ich schwöre beim Styx, dem gewaltigen Fluss der Unterwelt, dass ich dir jeden Wunsch erfüllen werde", versprach Helios.

„Gut, dann lass mich deinen Sonnenwagen fahren!", forderte Phaethon.

„Meinen Sonnenwagen? Mein Sohn, das ist unmöglich."

„Du hast geschworen, dass du mir jeden Wunsch erfüllen wirst."

„Das stimmt. Aber du hast keine Ahnung, wie schwierig es ist, meinen Sonnenwagen zu lenken. Die Pferde sind feurig. Sie strotzen vor Kraft. Hast du nie die Flammen bemerkt, die aus ihren Nüstern züngeln? Selbst Zeus, der Mächtigste aller Götter, hat noch nie meinen Wagen gelenkt. Für dich sind die Feuerpferde viel zu wild."

„Ich will aber mit deinem Wagen fahren, Vater! Ich will, dass alle meine Freunde sehen, dass ich der Sohn des Sonnengottes bin."

„Es ist zu gefährlich, Phaethon!"

79

„Ich bin dein Sohn und deshalb werde ich deinen Wagen genauso gut lenken wie du."

„Nun gut, ich muss meinen Schwur halten. Ich habe dich gewarnt. Es war leichtsinnig von mir, beim Styx zu schwören. Aber es ist auch leichtsinnig von dir, auf deinem Wunsch zu bestehen."

„Sei unbesorgt, Vater. Ich schaffe das schon."

„Spannt die Pferde ein!", befahl Helios widerwillig.

Die drei Feuerpferde wurden geholt und vor den Sonnenwagen gespannt.

Phaethons Herz schlug höher, als er diese Pracht sah. Alles war aus Gold, nur die Radspeichen waren aus Silber.

Die Pferde bliesen Feuer aus ihren Nüstern und scharrten ungeduldig mit den Hufen.

„Du musst die Zügel ganz fest in der Hand halten, Phaethon. So fest, wie du nur kannst. Und komm nicht zu nahe an die Erde heran, sonst verbrennst du ganze Landstriche. Fahr langsam, ich bitte dich. Und benutze nie die Stachelpeitsche. Hörst du? Nie! Steil beginnt morgens der Weg. Nur mit Mühe können die Pferde den Wagen den Himmel hinaufziehen. Schau nie nach unten, vor allem nicht, wenn du ganz oben bist. Dir wird sonst schwindlig. Und noch mal: Finger weg von der Stachelpeitsche!"

Mit diesen Worten öffnete Helios die Himmelstore.

Der Sonnenwagen stieg langsam den Himmel empor.

Phaethon blickte stolz zur Erde: Hoffentlich schauten seine Freunde jetzt zum Himmel hoch. Jeder würde ihn sehen können! Oder schliefen sie etwa noch? Vielleicht waren sie auch von den grellen Strahlen des Sonnenwagens geblendet?

Die Pferde stiegen immer höher.

Als Phaethon unter sich Griechenland auftauchen sah, wollte er den Wagen abwärts lenken.

Er straffte die Zügel.

Aber die Pferde gehorchten nicht. Sie liefen ihren gewohnten Weg weiter.

Da vergaß Phaethon alle Warnungen seines Vaters – und er nahm die Stachelpeitsche.

„Werdet ihr wohl gehorchen!", rief er und schlug zu.

Das hätte er besser nicht getan. Denn jetzt brachen die Feuerpferde aus. Sie machten Sprünge und galoppierten wie wild über den Himmel.

Sie fühlten plötzlich, dass nicht die starke Hand des Helios den Wagen lenkte.

Der Sonnenwagen jagte auf die Erde zu. So tief stürzte er hinab, dass er die Erde streifte.

So verbrannten die Wälder, die damals noch Nordafrika bedeckten, und es bildete sich die Wüste Sahara.

Ganze Meere begannen zu kochen, verdampften und trockneten aus.

Als Zeus vom Olymp aus die Katastrophe erkannte, schleuderte er einen Blitz auf Phaethon.

Phaethon fiel aus dem Sonnenwagen und verbrannte.

Auch sein Vater Helios konnte ihm nicht helfen.

Traurig schaute der Sonnengott zur Erde hinab und dachte: Die Jugend ist immer so übermütig. Mein Sohn Phaethon hat seine Kräfte überschätzt. Ich wusste ja, dass es so kommen würde. Aber was hätte ich tun sollen? Schließlich war er achtzehn, und mit achtzehn ist man erwachsen. Da muss man selbst wissen, was man tut.

Aktaion

Im alten Griechenland lebte ein Prinz, der hieß Aktaion.
Aktaion war ein leidenschaftlicher Jäger.
Es machte ihm unheimlichen Spaß, mit Pfeil und Bogen zu schießen.
Deshalb ging er jeden Tag auf die Jagd, mit großem Gefolge und mit einer Meute von fünfzig Jagdhunden.
Aktaions Jagdfieber kannte keine Grenzen. Hatte er in einem Wald alle Tiere ausgerottet, wechselte er zum nächsten über.
Artemis, die Göttin der Jagd, war über das Treiben des Aktaion entsetzt. Sie sagte oftmals zu sich selbst: „Ein Glück, dass es nicht mehr Jäger vom Schlag Aktaions gibt!"
Eines Tages kam ein Bauer zu Aktaion. Er berichtete: „Ich habe heute einen herrlichen Hirsch gesehen. Er stand auf einer Lichtung, in der Nähe der Meeresgrotte."
Der Prinz fragte sofort: „Kannst du mich dorthin führen?"
„Sehr gern, Hoheit", antwortete der Bauer.
Der Prinz sattelte sein Pferd, die Hundemeute wurde losgelassen und die Hofjäger wurden zusammengetrommelt.
Alle folgten dem Bauern.
Tiefer und tiefer drangen sie in den Wald ein.
Die Bäume standen immer dichter.
Dann öffnete sich eine Lichtung, auf der einige Hirschkühe grasten. Aus ihrer Mitte ragte ein prächtiger Hirsch empor.
„Da ist er", rief der Bauer.
Die Hundemeute stürzte sich auf das Wild, die Pfeile zischten durch die Luft.

Alle Hirschkühe wurden getroffen, aber der Hirsch konnte sich mit einem Sprung ins Dickicht retten.

„Ich werde ihn alleine verfolgen", rief der Prinz seinen Dienern zu, „kommt später nach."

Aktaion jagte hinter dem Hirsch her.

Der Wald war so dicht geworden, dass der Prinz vom Pferd absteigen und zu Fuß weitergehen musste.

Äste und Zweige zerkratzten ihm das Gesicht, doch er gab nicht auf.

Der Hirsch aber – und das wusste Aktaion nicht – war das Lieblingstier der Göttin Artemis, die manchmal auf seinem Rücken ausritt. Und nun suchte der Hirsch Schutz in der Meeresgrotte, in der Artemis jeden Nachmittag ein Bad nahm.

Völlig verschwitzt, ganz außer Atem und mit Pfeil und Bogen bewaffnet kam Aktaion bei der Grotte an.

„Jetzt hab ich dich!", rief er und schon spannte er seinen Bogen.

Da sah er die nackte Göttin Artemis in der Grotte baden. Sie war von Nymphen umgeben.

„Ein Mensch, ein Mensch!", riefen die Nymphen. Und da diese Naturgöttinnen sehr ängstliche Wesen waren, tauchten sie im Wasser unter und verschwanden.

Nun stand Artemis alleine da. Außer sich vor Wut schrie sie Aktaion an: „Ah, da kommt der größte Jäger Griechenlands. Du willst wohl meinen Lieblingshirsch abschießen? Erkennst du mich, Aktaion? Ich bin Artemis, die Göttin der Jagd."

„Natürlich", nickte der Prinz. „Ich erkenne dich."

„Du hast den Bogen überspannt, Aktaion. Du bist ein großer Jäger. Aber ab sofort wirst du ein Gejagter sein."

„Wie meinst du das?"

„Das wirst du früh genug sehen. Ich bin zwar die Göttin der Jagd, aber ich mag es nicht, wenn ein Jäger nur zum Spaß tötet. Und genau das hast du jahraus, jahrein getan. Jetzt wirst du erleben, was es heißt gejagt zu werden."

Während Artemis diese Worte sprach, bespritzte sie den Prinzen mit Wasser und verwandelte ihn in einen prächtigen Hirsch.

Daraufhin löste sie sich in Luft auf und entschwand.

Die Hände und Füße Aktaions wurden zu Hufen, und auch der restliche Körper des Prinzen nahm die Gestalt eines Hirsches an. Nur der menschliche Verstand blieb ihm.

Von weitem hörte er seine Jagdhunde bellen.

„Bitte, große Göttin Artemis, bitte verwandle mich wieder zurück in einen Menschen!", flehte Aktaion und fiel dabei auf seine Vorderläufe.

Aber aus seiner Kehle kam nur ein lautes Röhren.

Genau diese Laute verrieten ihn.

Mit Entsetzen hörte Aktaion seine Diener rufen: „Kommt schnell, dort hinten ist der Prachthirsch."

„Wo? Wo?"

„Direkt vor uns, er kann uns nicht entwischen!"

Der Prinz war vor Angst wie gelähmt.

„Ich bin der Prinz, euer Herr!", rief Aktaion, aber aus seiner Kehle drang wieder nur das tiefe Röhren eines Hirsches.

Schon stürzte sich die Hundemeute auf den Prinzen.

Pfeile zischten durch die Luft und der Hirsch sank tödlich getroffen zu Boden.

Der prächtige Hirsch wurde von der Jagdgesellschaft ins

Schloss gebracht, Prinz Aktaion aber blieb seit jenem Tag verschwunden.

Seine Diener wunderten sich sehr, dass er nie wieder auftauchte.

Philemon und Baukis

Als Zeus eines Tages vom Olymp auf die Erde hinunterschaute, sah er ein fruchtbares, grünes Tal.

Die Menschen, die dort wohnten, hatten schöne, große Häuser.

Herden kräftiger Rinder grasten auf den Weiden.

„Ich möchte sehen, wie die Menschen dort unten leben", sagte Zeus zu seinem Sohn Hermes. „Ein reiches Tal ist das. Wie glücklich müssen die Bewohner sein und wie gastfreundlich. Komm, wir wollen sie besuchen, als einfache Wanderer. Ich möchte nicht, dass sie uns sofort erkennen und auf die Knie fallen vor lauter Ehrfurcht. Ich möchte einfach mit ihnen reden. Kommst du mit?"

„Wie du wünschst, Vater", sagte Hermes.

Sie verwandelten sich in zwei Adler und schwangen sich mit mächtigen Flügelschlägen zu Tal.

Die Leute im Tal wunderten sich über die Schönheit der Vögel, die über ihnen schwebten.

Die Adler landeten in einem Wäldchen.

Bald kamen aus dem Gebüsch zwei Wanderer: der eine sehr alt – das war Zeus; der andere viel jünger.

Man sah es ihnen an, dass sie von weither kamen.

Die beiden Wanderer gingen mit schweren Schritten auf das erste Bauernhaus zu.

Der Ältere klopfte an die Tür und rief:

„Hier sind zwei Wanderer, die Rast machen wollen. Seid so nett und lasst uns herein."

Von drinnen schrie eine Männerstimme:

„Haut ab, bevor ich die Hunde auf euch hetze!"

Zeus und Hermes gingen weiter, zum nächsten Haus.

Dort brauchten sie gar nicht erst anzuklopfen, denn von weitem schon hörten sie: „Papa! Schließ die Tür fest zu. Zwei Wanderer kommen!"

Die Leute im dritten Haus jagten sie weg, ohne sich ihre Bitte überhaupt anzuhören.

So ging das weiter.

Zeus wurde wütend. „Was ist mit den Menschen hier los?", sagte er zu Hermes. „Haben die kein Herz? Das Tal ist reich. Die Rinder sind gesund und fett, die Herden sind stark. Die Felder sind fruchtbar. Trotzdem sind die Menschen böse und geizig. Warum eigentlich?"

Schließlich standen sie vor dem letzten Haus im Tal, einer armseligen Hütte, abseits von all den reichen Höfen.

Die Wanderer hatten noch nicht angeklopft, da öffnete sich die Tür. Ein schmächtiger Mann stand vor ihnen.

„Bitte tretet ein, liebe Leute. Ich bin Philemon, und dies ist Baukis, meine Frau. Was führt euch zu uns?"

Die Frau war genauso schmächtig wie Philemon und genauso ärmlich gekleidet.

„Wir suchen einen Platz zum Übernachten. Und hungrig sind wir auch", sagte Zeus. „Unterwegs wurden wir ausgeraubt. Ich sage das, damit gleich klar ist: Wir können keine Drachme bezahlen."

„Bitte kommt herein und setzt euch erst mal hin. Meine Frau wird in einer Ecke ein Lager für euch herrichten. Viel können wir nicht bieten, wir sind nicht reich. Aber das, was wir haben, teilen wir gern mit euch."

„Ich habe aber doch etwas Gutes für unsere beiden Gäste,

89

Philemon!", rief Baukis. "Bedenke, dass wir einen kleinen Vorrat von Leckerbissen für Festtage aufbewahrt haben. Die werde ich unseren Gästen jetzt auftischen."

Während Philemon den kleinen, wackeligen Tisch für die Gäste zurechtrückte, holte Baukis ein Stück geräuchertes Fleisch, Oliven, Schafkäse, getrocknetes Obst, Feigen und Walnüsse.

"Die Nüsse sind aus eigener Ernte. Wir haben nur zwei Bäume: einen Feigenbaum und den Nussbaum. Aber sie tragen reichliche Frucht. Zeus war uns immer gnädig", sagte Baukis.

Zeus warf Hermes einen fragenden Blick zu. Er konnte sich nicht erinnern, jemals etwas für die beiden getan zu haben.

Philemon nickte. "So ist es. Zeus war immer gut zu uns. Immer hat er uns geholfen, unser Leben lang. Leider, liebe Gäste, leider kann ich euch nicht viel Wein anbieten. Mehr, als was in diesem Krug ist, habe ich nicht. Es wird gerade für ein Glas für jeden von euch reichen!"

Der ältere Wanderer beruhigte ihn:

"Der Wein wird reichen. Stell vier Becher her. Und schenke sie voll."

Philemon stellte vier Becher auf den Tisch und füllte sie.

Zu seinem großen Erstaunen wurde der Krug nicht leer.

Er konnte die Becher immer wieder neu füllen.

Jetzt begriffen Philemon und seine Frau, dass sie zwei Götter zu Gast hatten. Sie erkannten Zeus und Hermes und fielen auf die Knie.

„Ihr beiden seid die einzigen anständigen Menschen hier im Tal", sagte Zeus. „Euch werde ich belohnen. Alle anderen aber werde ich bestrafen. Ich schicke sie in die Welt der Schatten!"

Er trat aus der Hütte heraus, streckte seine Hände zum Tal hin. Blitze zuckten aus seinen Fingern und schlugen in den Häusern ein, die sofort in Flammen aufgingen.

Schwarze Wolken zogen am Himmel auf.

Es begann zu regnen und hörte nicht mehr auf.

Die Flüsse stiegen über die Ufer, wilde Bäche stürzten ins Tal und verwandelten es in einen See.

Alles verschwand im Wasser.

Nur die Hütte von Philemon und Baukis blieb heil.

Die jedoch verwandelte sich in einen wunderschönen Zeus-Tempel.

„Bevor ich nun zum Olymp zurückkehre", sagte Zeus zu Philemon und Baukis, „möchte ich euch einen Wunsch erfüllen. Wünscht euch was!"

„Lass uns hier in deinem Tempel leben", bat das fromme Paar. „Und wenn wir alt sind, möchten wir zusammen sterben. Damit keiner um den anderen trauern muss."

„Das soll geschehen", sagte Zeus.

Er und Hermes verwandelten sich wieder in zwei Adler, erhoben sich in die Lüfte und flogen zum Olymp.

Philemon und Baukis lebten noch viele Jahre glücklich zusammen. Sie wurden sehr, sehr alt.

Und eines Tages, als sie unten an der Treppe des Tempels standen, spürten sie plötzlich, dass sie sich nicht mehr bewegen konnten. Ihre Füße kamen ihnen wie angewurzelt vor. Sie schauten zu Boden und sahen, dass aus ihren Füßen tatsächlich Wurzeln wuchsen und sich in die Erde gruben. Ihre Arme verwandelten sich in Äste und die Finger in Zweige, alle mit frischen grünen Blättern bedeckt.

„In Grün siehst du hinreißend aus …", konnte Philemon noch zu seiner Frau Baukis sagen.

„Du aber auch …", antwortete sie.

Zeus verwandelte sie in zwei Bäume: eine Eiche und eine Linde. Sie stehen heute noch dort.

Inhalt

5   Die Zeit der Urgötter
11   Prometheus
18   Die Büchse der Pandora
22   Europa
26   Orpheus in der Unterwelt
33   Tantalos
37   Demeter, Hades und Persephone
42   Narkissos
44   Atalante
51   Das Goldene Vlies
55   Achilleus
61   Medusa
67   Sisyphos
73   Apollon und Daphne
77   Phaethon und der Sonnenwagen
83   Aktaion
88   Philemon und Baukis

Dimiter Inkiow
Geboren in Bulgarien, zunächst Studium mit Abschluss als Bergwerk-Ingenieur, später Studium an der Akademie für Schauspielkunst und Theaterwissenschaft in Sofia, Diplom als Regisseur. Verfasste zahlreiche Bühnenstücke, geriet wegen einer Komödie in Konflikt mit der bulgarischen Regierung und musste das Land verlassen. Lebt seit 1965 in Deutschland, schrieb bis 1991 politische Kommentare und Satiren für „Radio freies Europa" in München. Bisher sind an die 100 Kinderbücher von ihm erschienen, die weltweit in 25 Sprachen übersetzt wurden.

Hubert Stadtmüller
1956 geboren im oberbayerischen Peiting. Nach dem Abschluss des Studiums der Malerei, Grafik und Kunsterziehung arbeitete er einige Zeit als archäologischer Zeichner im Jemen. Heute lebt er als freier Maler und Illustrator in München.

Inkiow, Dimiter:
Orpheus, Sisyphos & Co: Griechische Sagen
ISBN 3 522 30002 5

Einband- und Innenillustrationen: Hubert Stadtmüller
Einbandtypografie: Michael Kimmerle
Schrift: A Garamond
Satz: Die Druckdenker GmbH, Wien
Reproduktion: Herbert Bednarik, Wien
Druck und Bindung: Friedrich Pustet in Regensburg
© 2001 by Gabriel Verlag
(Thienemann Verlag GmbH), Stuttgart/Wien
Printed in Germany. Alle Rechte vorbehalten.
6 5 4 3 2*   02 03 04 05